歴史文化ライブラリー
120

# 神風の武士像

## 蒙古合戦の真実

関幸彦

JN082820

吉川弘文館

# 目次

## 「武士像」を考える

中世の日本が遭遇した未知なる武力、蒙古襲来とよばれるこの戦争は、わが国の神国観を彫磨させた。中世が演出した神風伝説はその後の歴史を深く耕し、後世の人々の観念を規定していった。「神風の武士像」というテーマのもとで議論しようとするのは、そうした神国・神風観念の培養のされ方と武士像との関係についてである。ここでは限定された武士像云々よりは、むしろ武士の語が象徴する中世という時代の認識のされ方を歴史的文脈から整理することにある。

昨今における歴史学は、「問い」のあり方を自らに課すなかで、新しい分野を開拓しつつあるようだ。従来ならば、本書の主題である神風や武士という語を見ただけで、嫌悪を感ずる場合もあったろうし、あるいはまったく逆もあったろう。いずれにしても神風や武士から連想されるイメージに、それなりの解答が凝縮されている傾向は否めない。

いうまでもなく、歴史学とはものごとの諸相の変化を時間の推移のなかで明らかにするものだろう。そこには変化と不変、そして断続と連続が内に含まれる。神国も神風も「あるもの」ではなく「なるもの」であったとの平凡な事実、あたりまえのこの事実が忘れ去られた時代があった。

たとえば近代がそうだ。近代が整形した神国観念が人々の歴史意識にどう影響を与えたのか。与えたとすればどの局面なのか。ここではそうした近代の国家を断罪することではない。近代が邂逅《かいこう》した中世は多分に神国の観念と同居するなかで、イメージ化されてきたが、その来歴を問い直すことこそが必要となろう。

モンゴルを撃退した中世日本、その中世が武士によって理念化されたとき、武士あるいは武家はどのように認識されたのか。近代国家における武士の把握のされ方を議論することも要請されよう。大きなくくりでいえば、本書の主題の一つはここにある。

そして二つには、思考の射程を中世それ自体にシフトさせることで、蒙古襲来の実相についてふれることである。鎌倉後期の外的危機は日本社会全体に何をもたらしたのか。そのさい、モンゴル襲来は中世日本を襲った最大の危機ではあったが、断続的な対外危機の一環としてあったことも忘れてはならない。九世紀末以来の海防事情を射程に入れながら、十三世紀のモンゴル襲来を考える必要もある。

以上の二つが本書の課題である。遠近両用の視点は中世日本が体験した異国との戦争の位置づけを、相対化させることになろう。

前者の問題意識は、中世という時代を近代までの広がりのなかで理解するうえで、欠かせない見方になるであろうし、後者のそれは、東アジア地域のなかで生起する対外的緊張の一環との観点を提供することになろう。

# 「百合若大臣」の世界

## 説話を読み解く

# 幸若舞「百合若大臣」について

共有される記憶は世代により異なっている。紙芝居もそうである。そこにはいろいろな主人公がいた。唐突だが定かならぬ記憶の彼方には「百合若大臣《ゆりわかだいじん》」とおぼしき話もあった。「コクリ」(高麗)・「ムクリ」(蒙古)を退治する英雄百合若の話である。筆者がこの話の下敷きに蒙古襲来の史実があったことを知ったのは、ずっと後のことである。テレビが主役となる以前、紙芝居の存在は大きかった。遠い日の風化した想い出のなかにもこの百合若がいた。

### 紙芝居の主役

室町時代に登場した幸若舞《こうわかまい》(曲舞《くせまい》)の一つがこの「百合若大臣」だった。能・平曲(『平家物語』)とともに、幸若舞は中世の庶民芸能の裾野を広げるうえに大きな役割を演じた。今日われわれが目にする幸若舞の多くは、源平物・義経物・曾我物といった軍記系統に位置するものが圧倒的だが、そこにはおさまらない幅広い説話的作品も少なくない。「百合若大臣」はその説話系に属する戯曲《ぎきょく》であり、構想の雄大さがその虚構性に彩りをそえ、多くの人々を魅了《みりょう》したようだ。それはまた後世いろいろと脚色され、民衆の意識に根づくことになった。

図1　近松門左衛門像

たとえば近松門左衛門《ちかまつもんざえもん》の「百合若大臣野守鏡《のもりのかがみ》」もその一つだろう。ここには江戸趣向に脚色された「百合若大臣」の世界があった。見せ場・聞かせ場がふんだんに示された浄瑠璃《じょうるり》独自の場面も多い。後に述べるような百合若の復讐心というよりも、親子・夫婦の情愛が軸となっており、情緒が優先されている。本来の「百合若大臣」が中世の色合いを残しているのに比べ、近松の「野守鏡」はその趣向が異なる。近世江戸期は蒙古襲来をモチーフにした中世の記憶を彼岸のものとしたようだ。

それでは中世という時代に材を取った「百合若大

臣」とは、どのようなストーリーだったのか。このあたりから助走に入りたい。

## 「百合若大臣」のあらすじ

嵯峨《さが》天皇の時代、百合若は父の左大臣が長谷《はせ》観音に祈願してさずかった神の申し子だった。長ずるにおよび、筑紫《つくし》に来襲した蒙古の追討を命ぜられた。百合若は三年の苦戦を経てこれを撃退するが、帰途の途上の玄海が島で家臣別府《べっぷ》兄弟の裏切りにあい、島に取り残された。百合若の無事を祈願した北ノ方を別府は大臣戦死と偽り、我が物にしようとする。

その後大臣の愛鷹緑丸が飛来し、百合若の生存を信じた北ノ方は、宇佐八幡《うさはちまん》にその無事を祈願する。漂着してきた釣り舟によって、辛苦の果て筑紫に戻った百合若は、復讐に立ち上がる。別府のもとでの正月の弓始めの宴で昔の手慣れた鉄弓を借り、名乗りをあげ別府兄弟を誅罰《ちゅうばつ》し、北ノ方とめでたく対面する。

説話の全体的な流れは、主人公百合若大臣の武勇と蒙古討伐、孤島への置き去り、北ノ方との愛鷹を介しての交信、そして別府兄弟への報復という話となる。いうまでもなく反逆に対する報復、これが作品の基調でもある。

説話の流れに『巌窟王』を想いうかべる読者も多いだろう。あるいは、かつて坪内逍遙《しょうよう》が指摘したように、雄壮なその趣向にホメロスの叙事詩『オデッセイ』を想起するかもしれない。

いずれにしても説話自体は、百合若が蒙古追討に出陣し、これを撃退するまでの前半部分と、孤島を脱し別府兄弟に復讐を遂げる後半部との二つに大別されよう。文学件云々からいえば、後半に主軸が置かれていることは明らかだが、ここでの関心は歴史的文脈からの前半部分が対象となる。

そこで説話が語る百合若の蒙古追討譚《ついとうたん》について焦点を据え、もう少し肉づけすると次のようになろうか。

①傷ついた神々に代わり、神託を受けて「ムクリ」征伐のために選任された百合若についての出生秘話。

②朝命を受けた百合若が弘仁二年（八一一）、軍勢を率い九州へと赴きこれを撃退、さらなる遠征の命を受け「ちくら沖」で三年の布陣をへて、雌雄を決するまでの苦難。

③百合若の祈願に感応した伊勢・住吉・鹿島諸神が「神風」をおこし助力し、異国撃破におよぶ武勇談。

等々が述べられている。

①の場面については、百合若という人物のあらましと、彼に付託された使命の意味が語

られている。神の代理人たるその立場についての説明である。②では、その後の遠征におよぶ具体的な流れと「ムクリ」（蒙古）征伐での「神風」の効能が指摘されている。そして③では、「神風」を味方にした合戦における百合若自身の戦いぶりが描かれている。

### 「神の戦」「凡夫の戦」

以上①〜③に貫流するものは、百合若の活躍と同時に神々の戦いがストーリー化され、読み込まれる点だろう。「神の戦」と「凡夫の戦」との区別はこのことを雄弁に語っている。そもそも百合若なる名前自体にも因縁があった。彼の母は八幡神の秘蔵の百合の花を袂《たもと》に投げ込まれた夢で懐妊したとあり、八幡神の化身のイメージも強い。百合若の名と、その誕生に暗示されている神への讃歌、本説話の主題はどうやらこのあたりにありそうだ。

たしかにこの作品が登場する室町後半は、神道再編の思想的状況があった。「神の本地を仏とは、よくも知らざる言葉かな。根本地の神こそ、仏とならせ給ひつゝ衆生《しゅじょう》を化度《けど》し給ふなれ」（「百合若大臣」新日本古典文学大系『舞の本』所収、岩波書店）との表現はこれを示す。本地垂迹《ほんじすいじゃく》を基本とした仏主神従の世界が、神主仏従へと転換がはかられた段階でもある。かつて平安期を通じ仏になろうとした神々とは、一線を画した状況が現出したのであった。

「神国」観念の醸成は、仏を日本の神々に従わせる方向を生み出すにいたった。その転換の一つが蒙古襲来であったことは疑いない。このことをふまえたうえで、この説話に貫流するいま一つのポイントを探すとすれば、「神風」そして「蒙古」である。

# 史実と伝承のはざま

## 「神風」と「蒙古」

「百合若大臣《ゆりわかだいじん》」の底流には、蒙古襲来という異国との戦いの史実がおさえられている。例の大風、すなわち「神風」が味付けされているのは興味深い。右の説話にあっても、やはり二度の「ムクリ」（蒙古）との戦いが表現されている。最初の部分は「神たちの議によりて、神風涼しく吹ければ……」との理由で、蒙古国が引き上げる場面。その後、蒙古国への追撃を命ぜられ三年の対陣の後に勝利する二つ目の場面である。

ここでもまた「魔縁・魔界」を凌駕する「神風」の威力で戦を有利にすすめ、最終的には少数精鋭部隊での蒙古船への乗り込みで雌雄が決せられる。弘安合戦での竹崎季長《たけざきすえなが》の活躍を彷彿《ほうふつ》とさせる場面であろう。

これに関連して想い出されるのは、右の説話に登場する「きりん国」（新羅《しらぎ》の別称）の大将による「霧降り」の術だろう。弘安合戦にあっては高麗《こうらい》軍と蒙古軍との混成部隊であり、ここに「きりん国」を登場させたのはそうした史実が下敷きとなっていると思われる。右の話のなかで「霧」を散ぜさせたのが、「神風」であったことは興味深い。

ちなみにこの霧云々についての表現は、「御曹司《おんぞうし》島渡り」にも多用されている。御曹司

図２　「百合若大臣」の挿絵　蒙古の侵寇（岡山大学附属図書館蔵）

義経が蝦夷《えぞ》ケ千島《がちしま》に渡り、天下統一の秘密の兵法を持ち帰るという話であり、異域・異類の人々が用いたのがこの霧降りの術だった。

室町期に成立した御伽草子《おとぎぞうし》が、幸若舞《こうわかまい》と通底することは当然ではあるが、中世における異域や異類への共通の認識が右の描写に反映されていると考えてよい。蝦夷への観念がそれだった。「百合若大臣」は幸若舞の戯曲だが、そこに付載されている「寛永整版本」の挿絵には、「ムクリ」（蒙古）の描写は、角を生やして口から火を噴いている。要は鬼と同一の実態と解されていた。

## 異国への観念

異なるものへの視線、そのまなざしが差別の意識を生み出す。鬼に形象化された未知なるものへの恐怖、この心理作用が恐怖を倍加させ、さらなる差別を助長する。「ムクリ」「コクリ」とよばれたその恐ろしさは、伝説として語られ、日本国を金縛りにした。この金縛りは中世以降、近世そして近代へと流入し、対外意識を規定することになった。こうした異国観念の形成は、突如生まれたものではない。アジア世界での華夷《かい》秩序や浄穢《じょうえ》意識の形成と無関係ではなかった。

平安末期の成立と伝えられる『今昔物語』の世界観には、それが象徴的に示されている。仏法の本家天竺《てんじく》（インド）とこれを伝えた震旦《しんたん》（中国）、そして日本という三極構造は如実にこれを物語る。この世界観は、貴族たち支配層のそれでもあった。

儒教での華夷、仏教での浄穢の観念がともに外来のものだとしても、それが当時の人々の異国観を規定したことは事実だった。同心円的な形で広がる外の世界（天竺・震旦）を上位とみなすまなざしが、神仏習合・本地垂迹の表現となって登場することは、容易に想像される。華夷と浄穢がもたらす劣等意識が律令的古代の国家統治のあり方を規定した。

外と内、上と下という序列観念は、都を軸とした中央―地方にも適用された。聖（浄）なる王権の所在地から隔絶された空間が、異域として観念されるにいたる。他者（異国）への観念は、そうした過程で反転する。

古代はかつて東アジアという外と深くかかわりを持った時代があった。そのかかわりが十世紀以降断たれ、〝外〟への拒絶がはじまる。「開」から「閉」の体系への転換ともいうべき方向が、異国への差別の観念を同居させたのではなかったか。中世の始発とされる王朝国家は、日本的王権への脱皮を通じて、その差別をしだいに顕在化させていった。

## 史実の下敷き

「百合若大臣」を一読すれば、そこに蒙古襲来という史実が組み込まれていることは、明らかであろう。ただそれだけではなさそうだ。たとえば百合若が「蒙古征伐」で九州へ赴いた年を「弘仁二年」としている点である。

虚実の皮膜をどのように演出するかは物語作者の力量だろう。が、「弘仁二年」という年号のさかしらなサービスもわれわれ読み手にとっては興味をそそられる。平安初期の嵯峨天皇の時代の年号をあえて用いた意味は何であったのか。

一つには主人公の「百合若」自身が日本国を代表する大臣の地位にあり、その地位が意味した歴史性を前提としているという点である。要は大臣という地位が適合する時代（歴史）を設定したことの意味だろう。その点では平安初期の「弘仁」という年号は、うなずけるはずだ。

もっとも、そんな回り道をせずとも室町期の小説の多く（たとえば『俵藤太《たわらとうだ》物語』でも『田村草子』でも、いずれもが公家や大臣とのかかわりが多量である）の傾向であるとすれば、それはすむことなのだが……。

二つにはそれにしても、弘仁二年という年代描写に史実の下敷きを考えてしかるべきだろう。『日本後紀』によれば、同年末の大宰府からの報告によると、新羅船が対馬《つしま》に接近したことを受け、沿海諸国に警固を命じたことがみえる（弘仁二年十二月二十八日）。数ヵ月前の八月にも新羅人漂着のことが報じられており、そうした史実が背景にあったのかもしれない。

たしかに弘仁年間は新羅との関係が緊張した状況にあったようだ。主要なものを列挙すれば、弘仁四年三月にも新羅人一一〇人が肥前に来襲（『日本紀略』）、翌弘仁五年十月には、長門国豊浦郡に新羅商人三一人が、同じ月に博多津に新羅人二六人が漂着（『日本紀略』）。弘仁七年十月、大宰府は新羅人一八〇人の帰化を報告、翌弘仁九年には大宰府が新羅人張春らの来着を報じている（『日本紀略』）。

以上のことから、九世紀初頭から本格化する新羅との緊張が、「百合若大臣」にすり込まれていることは想像できることだろう。このように考えることができるならば、新羅から蒙古までの対外関係もこの説話に流入しているとみてよい。

# 「異域征伐」が語るもの

ここで想起されるのは、『今昔物語』（巻二四―四五）に登場する利仁《りじん》将軍伝説である。九世紀末〜十世紀初頭を舞台としたこの話は、鎮守府将軍であった藤原利仁《としひと》が朝廷の命で新羅遠征に赴くが、途中で新羅側の調伏《ちょうぶく》にあい死んでしまうという内容である。

## 「新羅征伐」譚

この説話はその後室町期にいたり御伽草子の『田村草子』に取り入れられ、さらなる広がりを示す。

坂上田村麻呂《さかのうえのたむらまろ》もまた利仁ともども平安武者の原点に位置する武人だった。この両人が英雄化する中世は、『平家物語』をはじめ多くの軍記物に田村麻呂と利仁はワンセットで定着し、鬼神を迎え討つ役割を与えられている。その場合の鬼神とは異類異形の人々であった。蝦夷《えぞ》がそれであり、新羅《しらぎ》もまたしかりだった（拙著『蘇る中世の英雄たち』参照）。彼らに共通する性格は、蝦夷・新羅という東西の異域の制圧者として位置づけられている点であった。

そこにはおそらく観念としての武士像の典型があった。鬼神をもなびかせ、征服するその力（「辟邪《へきじゃ》」）こそが利仁をあるいは田村を武士の原点にすえた意味であった。「辟邪の武」としての効用は聖（浄）なる王権を守護するものとして機能する。その意味で観念としての武士は、その辟邪性に求められねばならない。このことはおそらく武士とは何かという問いにも関連しよう（この点、高橋昌明『武士の成立 武士像の創出』東京大学出版会を参照）。

実態としての武士が多く領主としての側面を有し、中世という時代に即応する存在であったことは事実としても、一方で田村麻呂あるいは利仁がそうであるように、彼らも武士と認識されていた。少なくとも中世という時代にあっては、彼らを武士とよんではばからない観念があったとみてよい。

図3　「百合若大臣」の挿絵　鉄の弓矢
（岡山大学附属図書館蔵）

### 鉄弓の威力、武士とは何か

そこであらためて、武士とは何か、である。百合若の駆使した「鉄の弓矢」がマジカルな力を発揮し、「ムクリ」＝蒙古の撃退に絶大なる威力を示したことは、本説話の語るとおりだった。この鉄弓は最終的には裏切った別府兄弟の報復にも、再度登場している。

問題はこれが「鉄」であることの意味であろう。「弓馬の道」が広く兵なり武士なりの代名詞であることからすれば、「ムクリ」退治のための武器が鉄弓であったことは、なんとも象徴的だろう。そこには「ムクリ」の用いた「鉄砲」に対抗するための「鉄弓」ということ以上に、中世人の鉄への信仰が含意されているとみてよい。

この鉄への信仰は、外道《げどう》（幻術）の修得を志す若者が〝刀剣〟を身に帯びていたがゆえに老師に喝破され、水泡に帰したという『今昔物語』（巻二〇―九）の説話からもうかがえる。この話には陰陽思想が色濃く反映されているが、武器の呪性（霊威）を考えるうえでも参考になろう。

『酒呑童子《しゅてんどうじ》』に登場する坂田金時《さかたのきんとき》の「金」の名もそうした反映だろうし、さらにいえば同じく御伽草子《おとぎぞうし》の世界だが、『俵藤太《たわらとうだ》物語』に登場する将門《まさかど》鉄身説話もまたしかりであった。

そうした点をふまえるならば、鳴弦《めいげん》の儀に象徴される弓矢の呪性と鉄それ自身の帯びた霊威の観念が、百合若大臣の鉄弓につながったことは充分に想像がつく。その限りでは百合若もまた武士とよびうる存在といえそうだ。武器を携え、武芸という職能で奉仕する人々、武士とはそうした存在だった。

# 武士について

誤解のないように断っておけば、右に指摘したのは観念としての武士像である。中世はもとより、近世もふくめた幅広い歴史のなかでのそれである。

## 武士の原像

武士とはオニ・カミ・モノと対峙《たいじ》し、対決できる心魂《しんこん》の持主だった。殺生に熟達した者の呼称だった。

こうした観念は、身分としての武士の表現を離れ、多義的・流動的な用いられ方もした。たとえば、上流貴族であった、土御門定通《つちみかどさだみち》が禁漁の法を犯したかどで関係者と相論となるにおよび、自らを「我もまた武士なり」と高唱したという(『明月記』安貞元年四月七日、および本郷和人『中世朝廷訴訟の研究』東京大学出版会、参照)。明らかにここでの武士とは、草深い農村から出発した武士像ではないようだ。いわば観念としての武的領有者の汎称だった。武士を一義的に定義すればこうなる。

当然ながら、中世という固有の時代性に対応した武士像——たとえば領主としての武士——は、それとは異なる。社会的身分としての武士、別言すれば中世という時代に対応する領主的武士が、どのように誕生したかは別の機会に語った（拙著『武士の誕生』日本放送出版協会）。しかし他方で時代を越えた本質的武士像（辟邪性や霊威性）は、連綿として人々の記憶に宿されている。この側面は、超時代性を帯びている。

むろん戦法と使用される武器は各時代において差異があり、それが武士の存在に彩りと個性を添えたことは事実だろう。が、ひとしなみに武士と呼称した場合、そこに彫磨された実像は、戦うことを宿命として背負う職能（芸能）者であったことは疑いない。

武力の芸能性への着目は民俗学の分野からの提言が早い。折口信夫《おりくちしのぶ》（「ごろつきの話」のち『折口信夫全集』第三巻、中央公論社）、柳田国男《やなぎたくにお》（「山の人生」のち『定本柳田国男集』第四巻、筑摩書房）らによる武士像は、その代表だろう。民俗学が時代を越えた原像への分析に有効であることからすれば、武士への関心が存在としての彼らの実態に注目したのは重要といえよう。

図4　柳田国男

図5　折口信夫

近年提起されている武士＝職能人論が、この民俗学からの指摘と、どの程度連絡があるのか否かは定かではない。いずれにしても存在としての武士の認識のされかたを問うことは、これを生み出した中世という時代を考えることに通じるはずだ。

## 「百合若大臣」が語るもの

虚構の世界ながら、「百合若大臣」に付着したさまざまを除いたところで見えるものを、いくつかの切り口から考えてきた。史的な文脈のなかで本説話から汲み上げられるべき論点には、それなりに興味深い内容もあったはずである。神国・神風云々についての議論はその代表だろう。精神・思想史もふくむ大きな課題について、これをカバーできる準備はないにしても、神風の観念がわが国の歴史に巨大な影を残したことは間違いないところだろう。

人々の意識に共有された神国観念のその後を追究する必要があるはずだ。これはおそらく日本国の自画像の抽出のされかたにもかかわる問題を含むであろう。他者・他国への観念が異域観と結合し、どのような自画像が提供されるにいたったのか。おそらくそれは近代日本の原形を問う作業にもなろう。

近代という時代は、内にかかえた過去をどう錬磨したのか。七〇〇年にわたる武家の時代の過去にどう向き合い、これを清算しようとしたのか。そこにはかならず武士への認識のされ方も大きくかかわっていよう。「百合若大臣」の世界を豊かにするものは、われわれ自身の歴史への問いかけによるところも大きい。

以下では、「百合若大臣」の世界を助走としてすすめてきた議論を、近代にシフトさせながら考えてみたい。材料は国定教科書である。近代の国家は「百合若大臣」が下敷きとした古代・中世の異国との戦争という史実をどう扱ったのか。それは歴史への認識（歴史像）にどんな影響を与えたのか。こんなことを考えてみたい。

# 「神国」の履歴

## 国定教科書をさぐる

# 神功皇后伝説と近代

## 近代の出生証

過去からの構想が近代の日本のかたちに影響を与えた。もちろん歴史的文脈からの意味である。唐突のようだが明治という時代が育《はぐく》んだ近代の日本は、武家の過去を否定することで出発した。それは、江戸はおろか室町さらに鎌倉の各時代をも否定し、大過去とおぼしき神代《かみよ》と対面することで出発した。「神武創業」の太古が近代に正当性を与えた。近代の明治国家は、この出生証を身にまとうことで主権国家として出発した。スローガンとしての「王政復古」である（井上勲『王政復古』中公新書）。

さらにいえば、歴史上での過去、むろん観念としてのそれも含めての意味だが、その過去のなかに新しい時代の原理が融けだすことがある。近代の出生証としての構想はかくして生まれた。そしていま一つの出生証は「開国和親」のそれであり、万国公法を遵守《じゅんしゅ》し、国際化に向けて自己を演出することであった。歴史への問いかけを通じ、「王政復古」を浮上させ、そして世界人たることの「開国和親」が提起された。二つながらの出生証を介し、「国民」が創出されたのだった。

別のいい方をすれば、前者はわが国の歴史の固有性という〝文化〟のレベルにおいて近代を発見するための装置であった。そして後者は普遍性という〝文明〟のレベルにおいてのそれであった。この二つのベクトル（過去という垂直軸への掘り下げ、現在という水平軸への広がり）の均衡のなかで、近代明治は誕生した。文化主義の発露としての「王政復古」と文明主義としての「開国和親」は、ときとして均衡を保ちつつ、その傾きは明治前期は後者において強く、後期以降は前者へと傾斜したと考えてよい。

以上のことを具体的な場面のなかで確認したい。まずは「王政復古」のからみで神功皇《じんぐうこう》后《ごう》伝説から話をすすめよう。前章で指摘した「百合若大臣」の世界と点線ながらつながるはずである。

## 「三韓征伐」の記憶

神功皇后といえば、連想されるのは「三韓征伐」である。このテーマに一種の刺激を感ずる読者も少なくないだろう。かつてあれほどまでに鼓舞された皇国史観のお題目の一つがこれだった。「百合若大臣」における神功皇后の登場場面は、「征伐」の先駆者として表現されていた。武神八幡が応神天皇の化身であるとされていることからすれば、生母神功皇后の故事はストーリーの構成上大きな意味があった。

いずれにしてもその存在は、いにしえにおける「征伐」の記憶と結びつく。それが史実かどうかではなく、かくあったと観念されたその実在性の強さが、ここに反映されている。八幡宮縁起の一つで、蒙古襲来のことを記した出典の一つが『八幡愚童訓《はちまんぐどうきん》』である。鎌倉末期の成立とされる本書には、神々の来歴を記したかつての『日本書紀』の世界をふまえ、さらなる脚色が加えられている。

降伏した新羅《しらぎ》の王は神功皇后に「我等日本国の犬となり、日本を守護すべし、毎年八十船の御年貢を備え奉るべし」との誓約をたてたという。神功皇后はその願いを入れ、「新羅国の大王は日本の犬なり」と岩に書きつけた云々……。

むろん文学的虚構だが、中世には八幡信仰の広がりのなかで、「三韓征伐」観が定着し右のようなドラマが創作されていた。「征伐」の記憶が時代とともに増幅されたことが確認できる。

そして近世経由の近代はどうか。なによりも大きかったのは、やはり教育という場での効用だった。興味深いのは、小学校の歴史教科書には「神功皇后」「三韓征伐」は必須事項で登場している。明治初年から昭和戦前期までの教科書には、国定《こくてい》第七期「くにのあゆみ」を除いて、すべてに神功皇后が顔をみせている。神功皇后伝説はそれだけ広く人々の記憶に定着したことになる。さらにいえば、教科書の多くの叙述ぶりは右の中世における『八幡愚童訓』での説話をモチーフにして表現されている。

## 神功皇后の肖像

「神風涼しと吹きければ、魔縁・魔界も恐るべし。昔の譬《たと》へを引くときは、神功皇后の新羅を攻めさせ給ひし時、神集めして向はれしも、かくやと思ひ知られたり」——例の「百合若大臣」からの一節である。「ムクリ」(蒙古)攻略の出陣にさいし、異国との戦争の先例がこの神功皇后の新羅攻めに求められている。

「三韓征伐」の原典ともいうべき『日本書紀』によれば、仲哀《ちゅうあい》天皇が熊襲《くまそ》征討の途中急死すると、后《きさき》の息長足娘《おきながたらしひめ》すなわち神功皇后が、朝鮮半島に出陣、新羅を討ち百済・高麗《こま》をも帰順させたとある。

神話的世界に属するこの人物は、歴史の節目で再生してきた。すでにふれたように近代明治の国家が「王政復古」を標榜《ひょうぼう》したとき、この神功皇后も登場した。わが国における

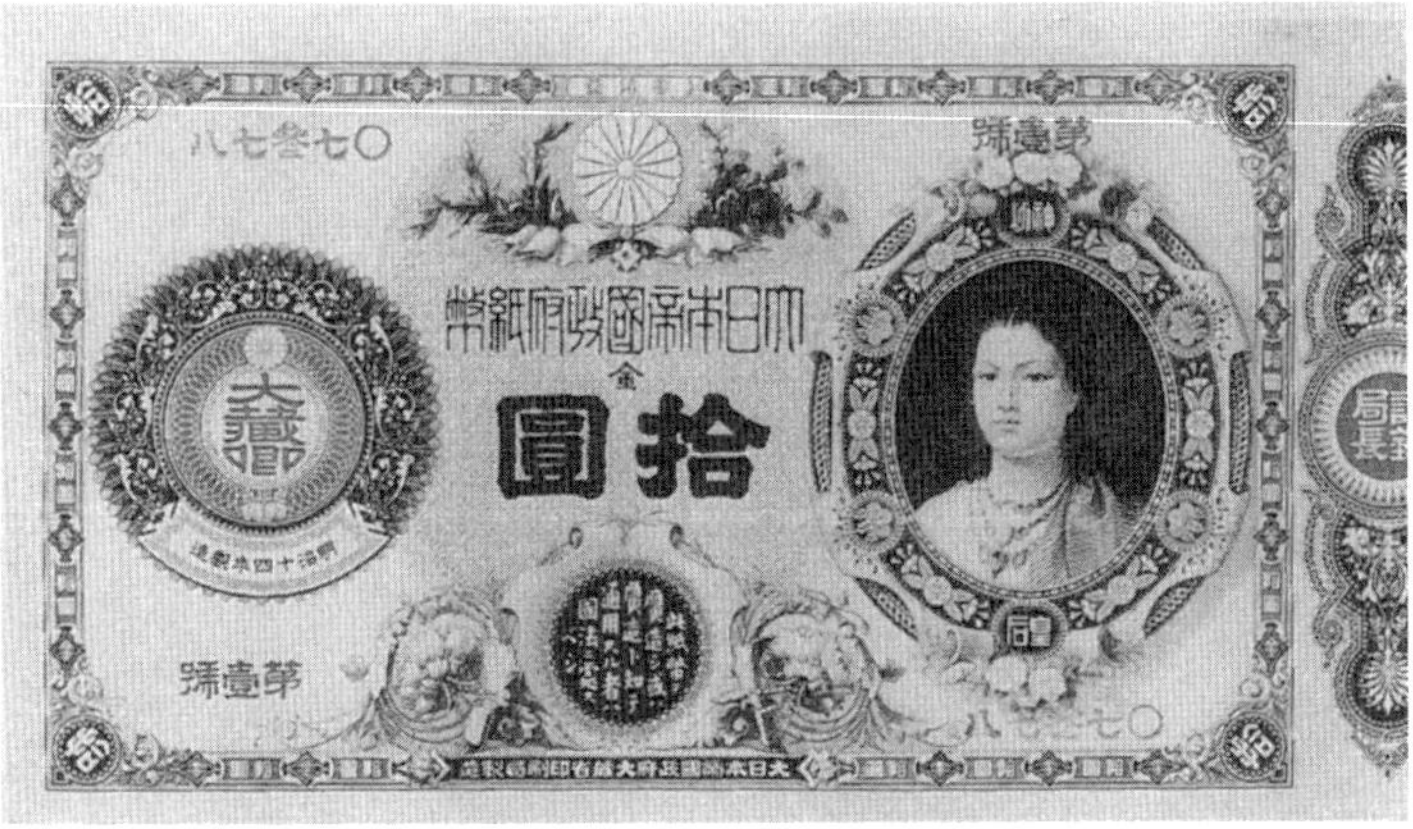


図 6　神功皇后札（貨幣博物館蔵）

初発の紙幣の肖像画にも選ばれた。「神功皇后札」とよばれ、明治十四〜十六年にかけて一円券から二〇円券の各種が発行されたが、この肖像の彫刻者は有名なお雇い外国人のキヨソネである。

日本の紙幣史上唯一の女性でもあった神功皇后が登場するのは、明治十一年の起業公請証書だった（植村峻『紙幣肖像の歴史』東京美術）。ここに図案化された肖像は西洋婦人のそれであり、ヨーロッパ風味の神功皇后だった。

われわれが注目したいのは、紙幣の肖像を決めるにあたり、歴史の記憶が持ち出されたという事実だ。前述したように明治の国家は、その原理において「王政復古」と「開国和親」という文化主義と文明主義を併存していた。その点からいえば、肖像紙幣の第一号としての役割は、まさにこの近代国家がいだいた原理の体現であった。神話的世界に取材し、西洋技術を駆使しつつ、民衆の前に提示する。日本と西洋の結合の所産ともいうべき、「神功皇后札」には、そうした面が宿されている。

# 国定教科書に描かれた「神国」観

**教科書のなかの神話**

皇后……、親《みずか》ラ率キテ海ヲ渡リ、新羅国ヲ征ス、其王《そのおう》、駭《おどろ》キテ、忽《たちま》チ降《くだ》ル、其隣国百済《くだら》……高麗《こうらい》……ノ王モ、亦皆降リ、皆調貢ヲ誓フ、此三国ヲ汎称シテ三韓トイフ。(『日本教科書大系』歴史㈠、講談社)

これは明治二十年の検定制度下の、『校正日本小史』の一節だ。伝説的神話の世界が、こうして史実のごとく登場していることに〝時代〟を感ずるはずである。編者は日本最初の国語辞典『大言海』の完成者大槻文彦《おおつきふみひこ》、序文に演劇改良運動に尽力した依田学海《よだがっかい》の撰がある。簡素な叙述で明治初期の検定制以前の各教科書と、それほど違いはない。

教科書の制度は大枠でいえば、明治初期の自由発行制、中期の検定制そして後期以降昭和前期にいたる国定制と、三つの変化があった。小学校の歴史教科書のなかで「神風」観がもっとも登場しやすいのが、この神功皇后伝説および元寇《げんこう》の記述だった。概していえば検定制度下の明治中期までは、叙述内容に大きな相違はなかったが、この時期には「神国」観念がすり込まれるようになる。

たとえば、『小学校用日本歴史』（山県悌三郎編、明治二十年）がそれである。ここには新羅王の詞《ことば》として「吾レ聞ク東ニ神国アリ日本ト曰《い》フ。聖王アリ天皇ト曰ヘリト。是《こ》レ必ズ其《その》国ノ神兵ナラン」ということで降伏し、「願《ねがわ》クハ長ク日本ノ飼部トナリ、毎年貢物ヲ奉ラント」の誓約をなした旨が記されている。ここには中世の『八幡愚童訓』を彷彿《ほうふつ》させるとともに、「征伐」観の定着化がなされている。

「神国」「神兵」の表現は、その後明治後期からの国定期教科書で、ほぼ顔をそろえることになる。とりわけ、第三期『尋常小学国史』（大正九年）以降完全に定着をみる。このように神功皇后伝説が神国・神兵観と結合し、教育を介し歴史意識を規定していった。

それは近代の始発からあったわけではない。むしろ明治後期あたりがその萌芽であり、明治末〜大正期の国定教科書が大きな分水嶺となった。有名な南北朝正閏《なんぼくちょうせいじゅん》論争（南北両皇統のいずれを正統とするかという論争で、明治四十四年の国定教科書〈尋常小学〉で従来の南北朝の対等の表記が帝国議会で問題化し、南朝正統論を主張する勢力のために、「吉野朝時代」の表記を採用するところとなった）は、これを象徴的に語るものであった（拙著『ミカドの国の歴史学』新人物往来社）。

**「国史」が意味するもの**

明治三十六年の第一期から大正期をへて、昭和二十一年の第七期にいたるまでの国定教科書のおおよそは、国体主義とでもよぶべき観念で充満していた。しかし概していえば、明治期の国定教科書は南北朝正閏問題での「吉野朝」への記述変更はあったものの節度は保たれていた。

国体主義への傾きの度合は、はるかに大正・昭和前期が大きかった。情緒的文章表現の登場、皇室用語への過度なまでの敬体表現という傾向は否めない。ただし、一方でそれまでのような物語・説話・伝説を多用した歴史叙述は影をひそめ、史実を基礎にした内容も多くなっている。それだけ学問との距離が近くなったという面もあったが、当然例外もある。

神国観にかかわる場面がそれである。ここに興味深いことがある。国定第三期以降での「国史」表現のはじまりである。従前の明治期にあっては国定段階でも『尋常小学日本歴史』の称であった。が、大正期の第三・四期『尋常小学国史』さらに昭和初期の第五期には『初等科国史』の呼称が定着する。すでにふれたように神功皇后関連の記述で「神国」なり「神兵」がともども登場するのは、この「国史」段階であったことを想起すれば、その傾向性は容易に推察できよう。

ここでありふれた形での国定教科書断罪論に与《くみ》するつもりはないが、問題は「国史」という名が内に主張しようとする暗黙の気分である。日本という国とその歴史を相対化することを忘れた観念である。「日本歴史」に表出された観念には、あたりまえのことだが、わが国の歴史を相対化する意識が残されていた。

## 「神国」の醸成のされ方

これまでわれわれは神話的古代と近代が面会する場について、神功皇后を題材に考えてきた。それは、近代の国家の過去に対する向き合いかたということでも興味あるテーマだった。近代の出生証の一つである「王政復古」は、神話的世界を史実に汲み上げることで、「国民」を創り出した。国定教科書における神功皇后の登場はこれを語っている。

だが、この神功皇后伝説は、突如として近代に浮上したわけではない。すでに中世初期には貴族層のなかにぬき難い観念として定着していた。たとえば十世紀初頭、醍醐《だいご》天皇に奉じた三善清行《みよしきよゆき》の「意見封事」にも、その萌しがみえている。海防問題を建議した清行の

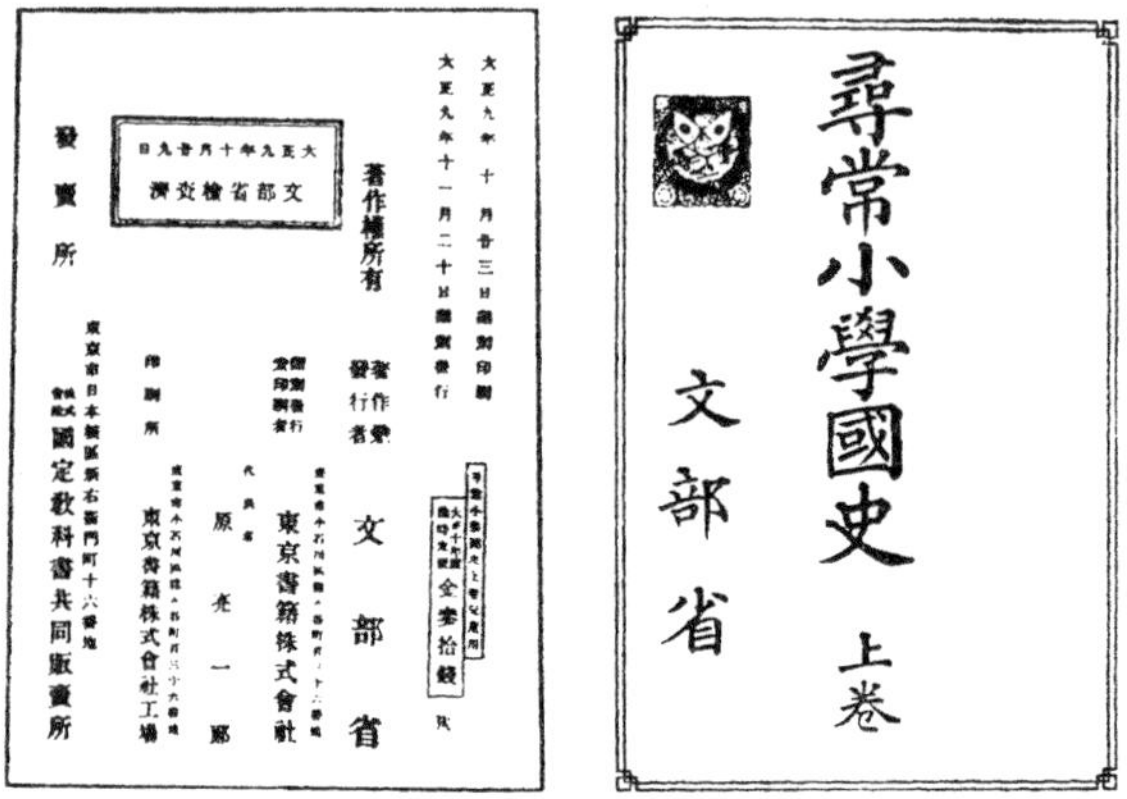


図7　第三期『尋常小学国史』

図8　蒙古襲来紙幣（国立銀行紙幣旧券，貨幣博物館蔵）

発言のなかに、わが国の弩《じ》の源流を神功皇后とのかかわりで指摘しているのは、これを示していよう。

神国観念という点では、この十世紀以降の王朝国家期は、遣唐使の停止という事態のなかで、排外的要素が登場するわけで、神話的古代を彫磨する営みが生まれたと思われる。その後の歴史の成熟は神国観をより彫りの深いものとした。『八幡愚童訓《はちまんぐどうきん》』さらには「百合若大臣」に語られている、神功皇后および神国観には、そのことがよく表現されている。

そのような神国観の形成のうえで、もっとも大きな画期となったのが、蒙古襲来であったことはいうまでもない。以下での課題は、その蒙古襲来を軸にこれが近代に接木される事情とみておこう。神功皇后が紙幣肖像に登場したように、蒙古襲来（元寇）もまた紙幣の図案化の対象となった。

明治六年（一八七三）の国立銀行券（二円券）には、南朝の忠臣新田義貞《にったよしさだ》・児島高徳《こじまたかのり》が描かれている。そして蒙古襲来については一円券に図案化されており、明治国家の意志が確認できる。いずれも中世に取材したものだ。この時期の紙幣のうち、一〇円券、二〇円券という高額のものは、神功皇后の場合もふくめ、素戔嗚尊《すさのおのみこと》・大国主命《おおくにぬしのみこと》など神話的題材が多い。

他方、前述したような低額紙幣の場合は、中世の武人などの図案ということになろうか。近接する過去のゆえか、江戸時代を否定した明治の近代は、当然ながら近世の人物は埒《らち》の外だった。その意味で中世はたしかに近代に接木されているが、それは明治国家の〝お好み〟によっていた。

それでは、神功皇后とともに「神国」観の形成に大きな役割を果たした蒙古襲来については、近代の国定教科書にどのように描かれているのだろうか。

# 「神風」がもたらしたもの

## 「神風」の罪と罰

「神国」「神風」云々が教科書のなかで取沙汰されるのは、じつは大正期以降のことだった。読者のなかには奇妙に思われる方もいると思う。「大正デモクラシー」とよばれる時代イメージにそぐわないではないか、と。たしかにそのとおりだろう。だが、実際にはそうなのである。むしろ修正すべきはわれわれの観念なのかもしれない。

大正期は明治にまかれた種子が開花する段階とみたほうが実態に近いのだろう。歴史への復興運動ともいうべき洗い直しが、この大正期以降本格化する（「邂逅する中世」の章を参照）。「神風」もまたこの「国史」段階の教科書に登場している。例の蒙古襲来合戦での大風・台風が「神風」の名のもとで喧伝されたのだった。参考までに関係部分を引用しておこう。

元《げん》はすつかり支那を従へ、その勢で、弘安四年に、四万の兵を朝鮮半島からふたたび筑前にさし向け、別に支那からは十万の大兵を出した。朝鮮半島から来た敵兵は、壱岐ををかして博多に攻《せめ》寄せて来たが、菊池武房や河野《こうの》通有《みちあり》・竹崎《たけざき》季長《すえなが》らの勇士は、石塁にたてこもつて防いだり、勇敢にも敵艦へ斬りこんだりして、大いにこれを苦しめた。そのうち、支那から来た大軍が、これといつしよになつて、今にも攻寄せて来ようとした。その時、にはかに神風が吹きおこつて、敵艦の大部分は沈没し、溺れて死ぬものは数へきれないくらゐであつた。（中略）

世にこれを弘安の役といふのである。この元寇は、実にわが国はじめての大難であつた。それ故、亀山上皇は、たいそう御心配になり、おそれ多くも、たふとい御身を以て国難にお代りならうと、伊勢の神宮にお祈りになつた。また、時宗は、非常な決心で事にあたり、国民は皆一体となつて奮ひおこり、上下よく心を合はせて、とう〳〵この強敵を追ひはらふことが出来たのである。これから後は、元は二度とわが国をうかゞふやうなことはなかつた。かたじけなくも第百二十二代明治天皇は、時宗の大功をお褒めになつて、特に従一位をお贈りになつた。

（『尋常小学国史』）

過去の事件は近代という時代のフィルターをへることでいくらでも変容する。蒙古襲来がそうだった。素朴な神仏への祈願が、皮膚感覚として定着していた中世、そんななかで育《はぐく》まれた中世の「神風」伝説は、近代にいたり国家の論理のなかで変容してゆく。

東アジア世界を席巻したモンゴルの嵐を、日本だけがまぬがれたと思い込む幸運、この〝幸運〟がもたらしたツケは、近代国家の成熟のなかでふくらむ。生みおとされた皇国史観がもたらした罪と罰についてはふたたびくり返す必要もあるまい。

## 「文永の役」の登場はいつからか

右に引用した国定教科書からわかるように、現在の教科書と比べて蒙古襲来の記述はまことに詳細である。ただし細部にわたる描写はすべて弘安《こうあん》合戦のものだ。この教科書の前半部にはたしかに「文永《ぶんえい》の役《えき》」の表現もあるが、比重はさほど大きくはない。

ちなみに歴史タームとしての「文永の役」が教科書に登場するのは、明治末年の第二期『尋常小学日本歴史』からであった。一回目のモンゴルの襲来については、ことさらに歴史名辞でよぶことはしていなかったようだ。

さらにいえば、われわれの〝常識〟となっている文永・弘安両役がいずれも大風すなわち神風との遭遇によるとの記述は、戦後の『くにのあゆみ』(第七期国定教科書)においてはじめて登場する。その意味で二度にわたるモンゴル襲来とその撃退に、ともに大風が作用したとの記述が教科書レベルで常識となったのは、戦後のことだった。

## 「神風」と文永の役

それではその意味をどのような回路で理解したらよいのか。予想される回答としては、明治末年の国定教科書での文永の役が、かりに大風とワンセットで表記されたとすれば、そこに時代の息吹を感ずるはずだ。民族意識の高揚と神国観念の強調という場面である。そのことが、弘安の役はおろか、文永の役でもまた大風が吹きあれ、モンゴル軍の退散に寄与したのだ、と。このことを介し、「神風」「神国」観の醸成に役立ったに相違ない、と。このように連想するだろう。

だがしかし、実際はそうではない。「文永の役」の登場と大風=台風が結びつく記述は、『くにのあゆみ』以降の常識だった。この最後の国定教科書では、戦前・戦中の反動的な色彩は消えており、「神風」「神国」そして「神兵」の記述もない。ないなかで「大風」が二度にわたり吹きあれ、それが勝利に結果したとの記述をどう解すべきか。

そもそも文永の役と大風を結合させた原典は、『八幡《はちまん》愚《ぐ》童訓《どうきん》』での記述だったが、それ

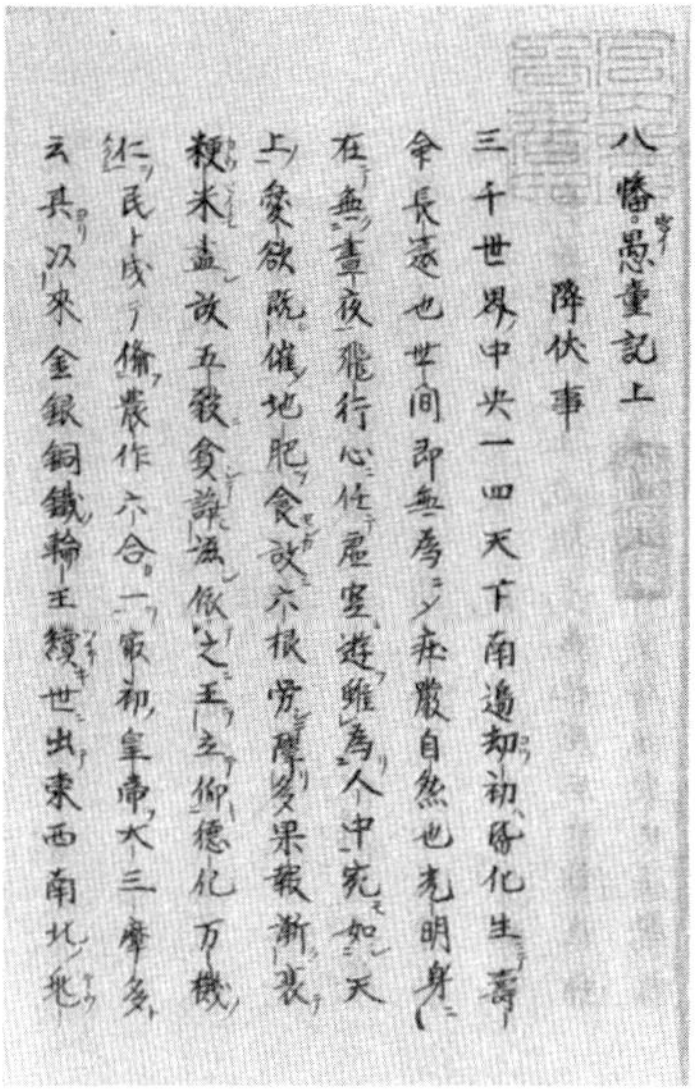

図9　『八幡愚童訓』
（甲本一類写本，宮内庁書陵部蔵）

によると文永の役での元軍撤退についての明確な描写はない。少なくとも理由とされる大風は、弘安合戦に比べ状況証拠でしかない。文永の役について計画的自発的撤退の見方は、こうした点と関連しよう。その意味では前哨戦的意味として、文永の役を解釈する立場もある。

だから文永の役と大風の関連性は、『くにのあゆみ』以降の常識なのであり、その常識を支えるものは、伝説的『八幡愚童訓』での微妙なる表現にもとづくということも、知っておく必要がある。文永の役での神風はその限りでは、弘安の役ほどの撤退の理由にはならなかったのかもしれない。

その点はしばらくおくとして、「元寇《げんこう》」という用語、そしてこの「文永の役」の語は、若干のズレはあるが国定期教科書のなかで定着をみる。神功皇后伝説での「神兵」「神国」の登場とほぼ重なるといってよい。ちなみに、「元寇」の語は江戸期の『大日本史』で用いられたもので、中世から使用されたものではない。中世の「異国合戦」は近世江戸期には「元寇」と呼称されはじめ、これが近代明治の国定教科書に流入定着をみる。『大日本史』的気分を好む明治国家の歴史認識の方向が、みえるようだ。

## 北条時宗について

「文永の役」の登場とともに、興味深いのは引用教科書にみえる明治天皇による時宗の「従一位」贈位の記述である。現代の眼からみればなんとも奇妙なことに映るが、〝歴史〟が国威登場の妙薬として作用したことがわかる。毒にも薬にもなるそれを、近代という時代は混入したのである。

歴史上の人物を贈位することの愚かさを非難してもはじまらない。むしろ近代国家の時代の意志の投影のされ方を考える材料として、とりあげるべき問題だろう。そんな観点で時宗への贈位を検討すべきだろう。

『贈位諸賢伝』（明治から昭和初年にいたるまで、国家が史上の人物に与えた位階とその人物

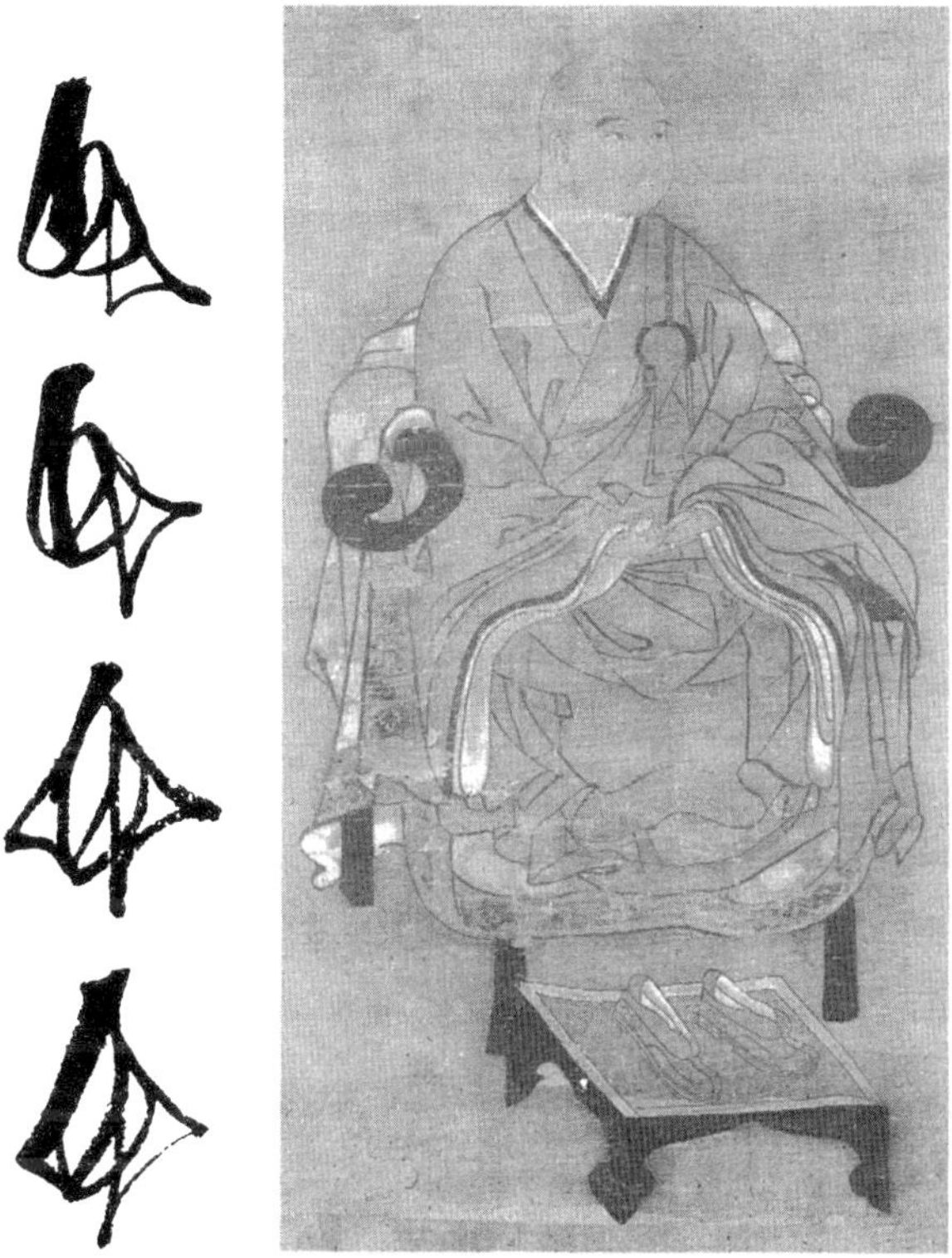

図10　北条時宗像（満願寺蔵）と時宗花押

伝をしるした辞典）によると、時宗の従一位への贈位は、明治三十七年とされる。おりしも日露戦争の時期だった。対外的危機意識とのすり合わせがなかったとはいえまい。

ついでながら、前の教科書叙述には亀山上皇の神仏祈願の記述が登場するが、福岡市内の筥崎宮《はこざきぐう》に近い博多区東公園に上皇の大きな立像が置かれており、近代国家が過去への想いをどのような形で顕彰したのかを垣間見ることができる。

こうしたシンボリックともいえる銅像表現は、十九世紀から二十世紀にかけての西欧社会が「国民」を創るための一般的方法でもあった。わが国もまたその手法を導入した結果なのだが……。それにしても〝歴史再生運動〟ともいうべき気運が明治末以降、本格化したことは疑いない。国定期の教科書がこの流れに沿う形で登場していることは、それを雄弁に物語る。

## 「承久の変」を考える

近代の履歴を考えるにあたり、いくつかの歴史教科書を参考にしながら考えてきた。テーマは神功皇后《じんぐうこうごう》伝説であり、元寇であった。それぞれがそれぞれに意味をもった。神国史観ともよぶべき歴史叙述が広く教科書にとけ込むのは、明治末期の国定段階ということができる。

たとえば承久《じょうきゅう》の乱も好例だろう。国定段階の特徴の一つは天皇への極端なまでの崇敬の念のあらわれだった。幕末の尊攘運動を歴史の分野で支えた頼山陽《らいさんよう》の『日本外史』でさえ、承久の乱は「承久の役《えき》」と呼称されていた。明治期を通じ、多くは承久の乱の呼称が定着していた。

これが「国史」段階には「承久の変」へと表現が変わる。そこに込められた意識は、やはり国体および皇室の異変・変事についての観点だろう。三上皇の配流という王権の危機は、「乱」を「変」と呼び換えるだけの意味がある、との解釈だった。

武家の勢力が拡大する過程として承久の乱を把握する今日的な考え方からすれば、権力構造の転換を画するほどの変化としてこの争乱が解されている。

いうまでもなく、公武両勢力の消長を示す画期であり、たんにそれは皇室の変事としての問題ではなかった。鎌倉幕府による武家の勢力が、西国方面への足場を築くうえでの大きな政治勢力の変革として理解されている。

しかし「承久の変」を標榜《ひょうぼう》する立場にあっては、その見方は首肯《しゅこう》に値しない。皇室の変事を一義とするその観点は、過去への解釈すなわち、歴史認識の方向が異なっている。その意味では「神風」もふくめ、神功皇后しかり、そしてこの「承久の変」の語感いずれもが、近代の国家が「国民」を創出するために演出した歴史の解釈の所産ということになる。そうした「国民」により共有された歴史観は、その後どのような形で展開されたのか。このあたりを史実の解釈のあり方から考えておこう。

# 史実と解釈のゆくえ

国家の思惑が教育に直接介入した場合、時として信念という形で代替えされる国家の意思は、学問を飛び越えることが簡単におこりえた。神風にともなう神国観の強調は好例だろう。この問題は、歴史の叙述という歴史学の問題にもかかわる。われわれはいやおうなしに歴史における「真」と「実」の問題に逢着する。

## 歴史における「真」と「実」

すでにふれた国定教科書段階のなかで、大正から昭和にかけてが大きな潮目《しおのめ》でもあった。この時期、「応用史学」なることばが用いられていた（新見吉治『歴史教育論』同文書院、安田元久監修『歴史教育と歴史学』山川出版社）。歴史教育の場で使用された、歴史の拡大解釈のことをさす。

史実を基礎とした実証的な「純正史学」に対比しての用法である。要は「真」と「実」との微妙な使い分けを指していた。別の表現をすれば、主観的観念に裏打ちされた史実の解釈が、「応用史学」だった。たとえば、神武紀元二六〇〇年は「実」（客観的な歴史的史実）ではないが、皇国精神からすれば「真」であるとの主張である。

こうした理解に立てば、〝神に加護され守護されている類稀《たぐいまれ》なる国〟という意味での「神国」は、歴史教育の場では「真」として応用されることになる。

### 過去との向き合いかた

過去とどう向きあうのか。歴史の記憶を解きほぐすなかで、その時代の国家が歴史に問いかけ、新たな構想をわが身にまとうことがある。近代の始発をなす王政復古は、歴史を巧みに利用しながら、国家と権力の構想を過去に求めた。向き合った過去は神話的古代がそうであり、中世の一部がそうだった。一部とはむろん神風伝説なり南朝忠臣伝説がそれにあたる。このことは本章の最初にも少しふれた。

これまで、われわれは近代の国家が過去との向き合う姿勢、別のいい方をすれば〝国のかたち〟を構想化するさいの原理を追究してきた。これがもっとも鮮明に語られているのは、やはり教科書だった。国定教科書を読み解くことで近代国家の意識が看取できるはずだ。そんな理解にしたがって本章ではそれを主軸に話をすすめてきた。

以上のことを念頭に次の課題にすすみたい。時代のチャンネルは中世である。近代の履歴をさぐるために用意した例の蒙古襲来、それ自体をもう少し具体的にみておきたい。

# 異国合戦の来歴

# 新羅、刀伊、そして蒙古

## 「開の体系」と「閉の体系」

わが国の歴史をひもとくと、外と深くかかわった時代（以下、これを「開の体系」の時代とよぶ）と、それほどではなかった時代（「閉の体系」の時代）とがあったことがわかる。

古代そして中世の日本についてみれば、大陸の中国をお手本として、律令のシステムを導入した中央集権にもとづく古代の国家は、前者の旋律に属す。とりわけ七〜八世紀を中心とした律令国家にあっては、遣隋・遣唐使による大陸の文明の積極的導入が、わが国をおおった。

その後九世紀末以降、大唐帝国の衰亡により、東アジア世界の相対的安定は崩れ去る。

十世紀の唐や新羅の滅亡は、これを示している。こうしたなかで「開の体系」下で文明流入の窓口となっていた遣唐使も停止され、十世紀以降は「閉の体系」の時代に入ることになる。

大陸では唐から宋へ、そして朝鮮半島では新羅《しらぎ》から高麗《こうらい》へと移り変わるなかで、わが国もまた律令国家から王朝国家へと変貌をとげる。王朝国家の性格については議論もあるが、本格的な中世国家の前提となす段階の国家と理解されている。この時代は大陸との私的な交易は続いていたが、国家間の正式な交流はなかった。

こうした「閉の体系」の時代は、形式的には十五世紀の足利義満の日明《にちみん》貿易まで続くことになる。この間摂関政治から院政へ、そして平氏政権の登場、鎌倉幕府の成立と大きな政治的変動がもたらされた。

この章での課題である異国との戦争は、この「閉の体系」下でおきている。蒙古襲来はその最大のものであった。ここではこの異国との合戦を中軸にすえつつも、「閉の体系」下での海防問題という観点から、モンゴル以前の異国との合戦も射程に入れることで話をすすめたい。

蒙古襲来が「神国」観念形成のうえで、最大の画期であったことはいうまでもない。海防問題という視点に立った場合、蒙古襲来も歴史上の大きな対外的危機の一つとの見方が必要となる。その意味では、わが国が古代から中世において遭遇した対外的危機を全体として整理したうえで、このモンゴル帝国との戦争を考えてみることも無駄ではあるまい。

## 蒙古襲来をどう見るか

巨視的にみると平安から鎌倉時代という武士を誕生させた時代は、この蒙古もふくめて三つの対外危機が史料的に確認できる。一つは九世紀後半の貞観《じょうがん》〜寛平《かんぴょう》期における新羅海賊問題であり、二つには十一世紀初頭の女真《じょしん》族すなわち刀伊入寇《といにゅうこう》問題がそれであった。十三世紀のモンゴルの襲来は、三つ目の大きな波動といえる。

前二者は古代から中世のはざまに経験した対外的危機だった。こうした危機を経験することで、わが国の軍制も大きく変化する。二つの戦争には律令軍制と王朝軍制の特色が語られていた。武士の議論を広く軍制史のなかに位置づけるためにも、新羅・刀伊そして蒙古と、わが国が危機として体験した対外戦争を素材とすることで、いくつかの議論も提供できるはずだ。蒙古襲来以前も射程に入れながら、広い時間枠の中で相対化するための視点である。

本章での第二の課題はそうした広い流れのなかで、異国合戦の最たるものとして認識される文永・弘安合戦の経過を『八幡愚童訓』を軸に整理確認することである。このなかには神風・神国観の形成のされ方も視野に入っている。

表1をご覧いただきたい。九世紀の後半以降、新羅海賊の記事が頻出していることがわかるであろう。大唐帝国の衰えは、周辺諸国にも影響を与えた。新羅海賊は、平安期のわが国の海防問題の大きな焦点だった。

## 九世紀の海防問題
## ―新羅海賊の侵寇

この新羅海賊はいくつかの波動があるにしても、貞観～寛平期が目立っている。武力の発動のあり方をさぐるうえで興味深いのは、寛平六年（八九四）九月の新羅船四五艘による対馬襲撃である。

規模においては、十一世紀の刀伊入寇事件に匹敵するもので、蒙古襲来以前にわが国が遭遇した大きな軍事的な事件といえる。われわれは、まずこの事件のあらましを考えることからはじめよう。

『扶桑略記《ふそうりやつき》』や『日本紀略』といった史料から、そのおおよそが確認できる。戦いの経過をふくめ、その特徴を略記しておこう。

表1　寛平期における新羅来寇記事一覧

| 年　月　日 | 史　料 | 内　容 |
|---|---|---|
| 寛平5(893) 3. 3 | 日本紀略 | 新羅僧長門に漂着，粮を給し放還 |
| 5.11 | 日本紀略 | ※新羅賊，肥前松浦郡を寇す．大宰帥是忠親王，大弐安倍興行らをして，追討させる |
| 閏 5. 3 | 日本紀略 | ※新羅賊，肥後飽田郡に入寇し，民家を焼く．勅符を下して，これを追討する |
| 10.25 | 日本紀略 | 新羅人，長門国阿武郡に漂着．来由を問う |
| 寛平6(894) 2.28 | 日本紀略 | ※大宰府，新羅賊来寇を報告．これを追討する |
| 3.13 | 日本紀略 | ※大宰府，新羅賊辺島を侵すと報告．これを追討させる |
| 4.14 | 日本紀略 | ※大宰府，新羅賊の対馬来寇を報告．北陸・山陰・山陽諸国に警固を命ずる |
| 4.16 | 公卿補任 | 参議藤原国経を大宰権帥に任ずる |
| 4.19 | 日本紀略 | 新羅賊追討により，大神宮に奉幣 |
| 5. 7 | 日本紀略 | ※大宰府，新羅賊の退去の由を奏す．警固を厳しくさせる |
| 8. 9 | 類聚三代格 | 旧に依り，対馬に防人を差遣させる |
| 8.21 | 類聚三代格 | 能登の史生一員を停め弩師を置く |
| 9.13 | 類聚三代格 | 大宰府の史生一員を減じ弩師を加える |
| 9.17 | 扶桑略記 | ※大宰府，新羅賊の対馬来寇を言上．守文室善友ら，防戦しこれを破る |

| | | | |
|---|---|---|---|
| | 9.19 | 日本紀略<br>北山抄 | ※大宰府，新羅賊撃破の状を報告．飛駅使に位記などを賜う |
| | 9.19 | 類聚三代格 | 出雲・隠岐両国に烽燧を置かしむ |
| | 9.23 | 西宮記 | 新羅賊の来寇により，山陵に奉幣す |
| | 10. 6 | 日本紀略 | ※大宰府，新羅の賊船退去の由を奏す |
| 寛平7(895) | 3.13 | 類聚三代格 | 博多警固所に夷俘50人を増置し，新羅賊に備えさせる |
| | 7.20 | 類聚三代格 | 越前の史生一員を停め，弩師を置く |
| | 9.27 | 日本紀略 | ※大宰府，壱岐の官舎など，討賊により焼亡の由を報告 |
| | 11. 2 | 類聚三代格 | 伊予国史生一員を停め，弩師を置く |
| | 12. 9 | 類聚三代格 | 越中国史生一員を停め，弩師を置く |

注　※印は新羅賊襲来の記事．

対馬守文室善友《ふんやのよしとも》を中心に、郡司以下が兵士「百人の軍を各二十番に結び」防戦し、全軍に楯を用いさせ、弩《ど》（大型の石弓）による「雨の如《ごと》き」攻撃で新羅軍を敗退させ、三百余人を射殺したとある（『扶桑略紀』）。

多くの殺傷者にくわえ、戦利品も膨大な数量におよび、拿捕《だほ》の新羅船一一艘には「太刀五十柄・桙千基・弓百十張・胡簶百十・房楯三百十二枚」などを押収したと記録されている。

こうした経過や戦果を通じて、この寛平期新羅戦の特色をある程度推測できる。一つは、集団歩兵戦に適した日本・新羅両国の武器の共通性であろう。戦闘方式や兵器の共通性は「開の体系」下での大陸の交流が影響を与えたものだった。わが国についていえば、国・郡司制を軸とした律令軍制が作用していたことも確認できる。

中世に一般的な先懸《さきがけ》や功名主義は、この段階では登場していない。対馬守文室善友が新羅軍を迎撃するにさいし、士卒に語った「『軍法』に照らし矢に背を向けた者は処罰する」との発言は、これを示すものだろう。律令的「軍法」が依然として意味を持った段階であったことがわかる。

## 軍事力の特色

注目すべき二つめの問題は、大量の殺傷者の数だろう。これまた集団戦に規定された当然の結果だったが、次に示す刀伊入寇事件と比較すればその違いは明らかである。この段階は中世に一般的とされる個人戦は、集団戦のなかに埋没していた。それゆえに戦闘での功労は、国・郡司の独占に帰した。

要するに三百余人の殺傷者については、〝誰〟がという戦闘主体者が問題ではなく〝どれだけ〟という数が問題とされた。弓矢に自己の名が記された中世一般の戦闘とは、この点で相違する。中世では恩賞のための証拠が重要となる。そのために〝誰が〟〝誰を〟ということがポイントとなる。矢への記名はこうした理由による。

そして三つめには、兵器にくわえて兵士の問題である。この時期広く軍団制といっても、大きく変質していた。一般農民による徴兵制は解体しつつあり、これへの補完として俘《ふ》囚《しゅう》制が採用されていた。俘囚とは帰順した蝦夷《えみし》をさす。平安初期の軍制改革のなかで健《こん》児《でい》制の導入により、兵士の質的向上がはかられたが、これを量的に補完するための制度としても、その定着がはかられた。

九世紀の軍制は律令軍団制の解体のなかで、一般農民兵士に代わるべくこの俘囚による軍隊が意味を持つ段階だった。関係史料からは、北九州方面には多数の俘囚の移住が確認される。新羅海賊問題が頻発する状況のなかで、俘囚の軍事訓練がなされた史料もあり、右の寛平新羅戦でもこの俘囚による戦力が、大きな成果をもたらしたものと想像される。

以上みたように、九世紀末の新羅との戦いは、大きくみれば律令的軍制のシステムが作動したが、一方では兵士材料（農民兵から俘囚や健児といった兵力）の転換もあった。この寛平新羅戦の年は、まさに遣唐使が廃止される時期であり、「開」から「閉」への転換を象徴する事件といえそうだ。

律令国家から王朝国家への移行を軍制のレベルで表現すれば、徴兵制から傭《よう》兵《へい》制ということになる。かつての軍団農民兵士制の解体のなかで登場した俘囚制や健児制は、ある意味では軍事や武力の請負化を促進することになった。

十世紀以降に登場する「兵《つわもの》」とよばれる存在は、その後の武士の直接のルーツをなすもので、いくさを業・職能とする彼らの存在はそれぞれを語るものであった。

以下で述べる十一世紀の刀伊入寇は、これまた新羅戦との対比を考えるうえで興味深いものがあり、同時に右に指摘した王朝国家期に成長する「兵」や「武者」たちの実態を伝えてくれる。

## 十一世紀の海防問題―刀伊入寇

われわれは、十三世紀の最大の海防問題としての蒙古との合戦を射程に話をすすめているが、そこで活躍した彼ら鎌倉武士のルーツを探るためにも、刀伊入寇問題はおさえなければならない。

表2をご覧いただきたい。『朝野群載』や『小右記《しょうゆうき》』に載せる女真族の来襲事件の経過をしるしたものである。

寛仁三年（一〇一九）の三月末～四月初旬にかけて、およそ二週間にわたり侵寇はつづいた。この事件での被害は大きく、後日の報告では殺害された者三六四人、被虜者一二八九人、牛馬被害三八〇頭にのぼったという（『小右記』）。中央政界にあっては、道長による摂関政治の全盛のころであった。当時のいくつかの日記には、この刀伊入寇を、新羅海

表2　刀伊入寇の経過

| 月　日 | 内　容 |
|---|---|
| 三・二八 | 女真族、五十余艘で対馬・壱岐に来襲（壱岐守藤原理忠殺害） |
| 四・七 | 両島人民殺略後、筑前国怡土・志摩・早良の諸郡を侵す |
| 四・八 | 那珂郡能古島を侵す |
| 四・九 | 博多の警固所を襲撃 |
| 四・一二 | 志摩郡沿岸を攻略 |
| 四・一三 | 肥前国松浦郡を侵し、退去 |
| 四・一七 | 大宰府飛駅使、京都に到着 |
| 四・一八 | 右大臣藤原公季以下参内して、陣定をおこない対策を協議、要害の警固、凶賊の防御、神仏祈禱の旨が講ぜられた |
| 四・二一 | 大神宮以下の十社（石清水・賀茂・松尾・平野・稲荷・春日・大原野・大神・住吉）に奉幣 |
| 四・二五 | 十六日付の大宰府の解状が到着、合戦の模様が伝えられる |
| 四・二七 | 刀伊賊防御の官符を大宰府に下すとともに、四天王寺に修法をおこなわせ、兵粮及び防人派遣の準備をさせる |

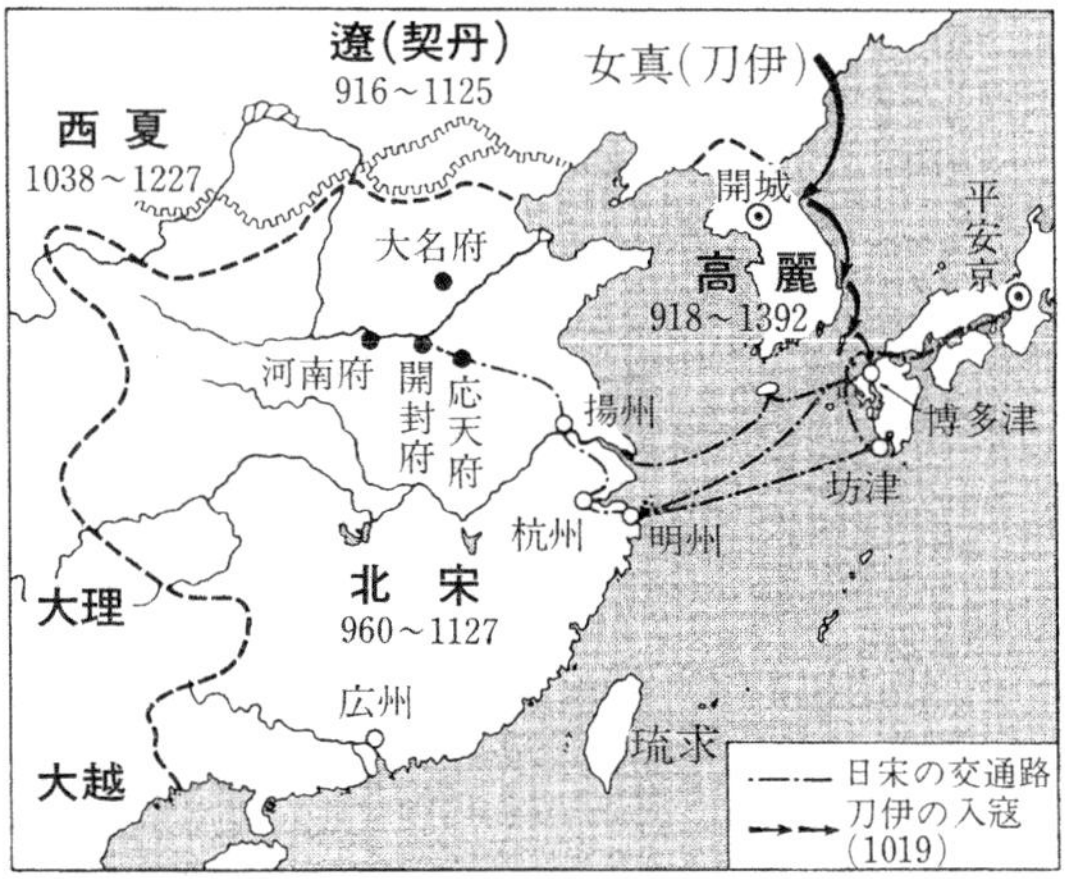


図11　刀伊入寇の進路図

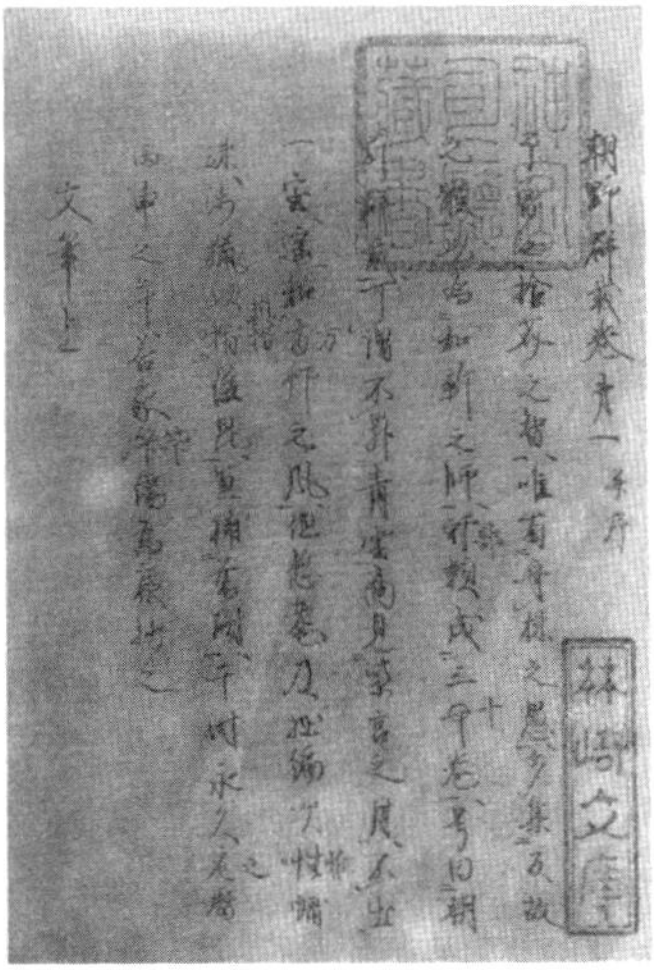


図12　『朝野群載』(神宮文庫蔵)

賊の再来と認識していたようだ。

大神宮以下、石《いわ》清《し》水《みず》・賀茂・松尾・春日・住吉等々の諸社への奉幣がなされ、神仏への祈禱が例によって例のごとくおこなわれた。例のごときと表現できそうな神仏への祈願が登場するのは、神国観念が醸成される原点となる王朝国家の段階以降といえよう。「閉の体系」下に入る十世紀以降だった。

九世紀末の新羅戦との比較でいえば、最大の変化は律令の軍団制が完全に解体していることだろう。刀伊入寇にさいしては、活躍の中心は「府止無《ふのやんごとなき》武者《むしゃ》」とよばれた一群の武士たちだった。

たとえば四月九日、博多に上陸した刀伊軍に対し「平為忠・同為方等、帥首として馳せ向い合戦」(『小右記』寛仁三年四月二五日)したことが見えている。刀伊軍の強弓の威力に圧倒されつつも、馬上からの応射や鏑矢《かぶらや》の響きで敵を撃退したことが記されている。

こうした「府無止武者」たちの実態は、平姓や藤原姓からもわかるように、大宰府官人や府官経験者、さらにはその子孫たち、あるいは中央政界と人脈を有する武者たちだった(この点、前掲『武士の誕生』参照)。

### 「住人」の登場と個人戦への移行

個としての戦闘主体が明確に登場し、彼らが主軸となることで撃退にあたったことは注目されよう。同時に、こうした大宰府の中核的武力とは別に、周辺地域でも類似の武力が見られたことも注目される。

四月七日に刀伊軍に襲われた志摩郡では、「人兵」「舟船」が不充分な状態で、同郡の

「住人」文室忠光《ふんやのただみつ》が防戦し、「賊徒」「数十人」を撃退したことがしるされている（『朝野群載』）。ここに登場する「住人」とは地域の有勢者への別称で、今日的意味の住人とは意味を異にする。いわば武士なり領主の意味を含むものであった。このように、「止無武者」なり「住人」なりが個としてこの戦闘主体として登場するところに、この段階の軍制の特色があった。

このことは、戦闘形態や戦功のあり方からも確かめられる。軍団制が解体したこの時期には徹底した騎射戦がなされ、各自の弓箭《きゅうせん》にはその氏名がしるされていた。要は〝誰が〟どれだけ敵を倒したのかが、問われたのだった。

これはかつての九世紀の新羅戦に比べ、その戦功率は低いことにもつながる。残された史料では敵軍の死傷者は少ない。

いずれにせよこの戦いは、統一的軍制が機能しなくなっている状況であり、この王朝国家期は新たな中世的軍制の転換期にあたっている。

九世紀以来、進展してきた傭兵制がさらにすすみ、武力の請負化が登場するなかで、各地域に「兵」が輩出する。刀伊軍を撃退した「止無武者」なり「住人」とよばれた武力保持者は、その意味では中世武士の直接の原点に位置する存在であった。

後述するように、蒙古襲来のおりに活躍した肥後国の御家人竹崎季長《たけざきすえなが》なども、そうした「住人」系の武士の一人ということができる。

**中世的軍制へのきざし**

刀伊入寇におけるわが国の武力発動の特色は、形骸化した府兵とは別に武力の請負化に対応した、臨戦体制に即応した武力（大宰府にあっては「無止武者」たち、隣接する諸国では「住人」たち）が誕生していたことにあった。武のプロフェッショナル化の現象は、こうした非常時に対応しつつ形成された。武士の発生や誕生の歴史を考えるうえで、国家レベルの武力の発動のされ方は参考になると思われる。

くわえて注目されるのは、主従関係の萌芽が見られる点である。論功行賞をしるした史料によれば、「無止武者」の一人藤原友近には「随兵紀重方」なる人物の存在も確認できる（『小右記《しょうゆうき》』）。

「随兵」とあるからには、両者がなんらかの主従関係にあったことは間違いない。その場合、右の主従制が鎌倉期のそれに典型化されるような主人権の内部に包摂された従者群ではなく、その氏名から推しても、恩賞の対象となったことからしても、比較的独立性の高い存在と考えられる。このあたりの評価は封建的主従制の内実を考えるうえで、大きな議論となるはずである。

この点は別にしても、この十一世紀の王朝国家期の武力発動が、かつての律令軍制とは大きく変化していることは理解できよう。十三世紀の蒙古襲来は武力発動のあり方に限定すれば、明らかに個人戦や騎射戦を軸にし、〝誰が〟〝どれだけの〟敵を倒したかという刀伊入寇の延長に位置している。

むろんこの間には、武家政権の誕生にともなう幕府の成立があった。御家人制の成立と軍役体系の整備は、中世的軍制をより成熟させることになった。しかし広くいえば両者における差は〝量〟としてのそれであった。

兵なり武士なりという武的専業者が輩出する段階では、鎌倉期の蒙古襲来も含め、連続した中世の地層にあったといってよい。その意味では、九世紀の新羅戦とは〝質〟を異にしていた。

以上、古代から中世にかけての海防問題を軍制や武力に限定して考えてきた。蒙古襲来以前に遭遇した異国との合戦についてみてきた。ここでのねらいは、中世における国難と認識された蒙古襲来を特別視するのではなく、長期の時間軸に置くことで、海防問題として相対化する視点を提供することにある。

九世紀の新羅と十一世紀の刀伊（女真）、そして十三世紀の蒙古と九州を舞台としたこの異国との戦いには、それぞれに意味があったはずである。広く古代から中世という時代に位置する三つの異国合戦について、その背後にある軍事・社会体制とのかかわりから考えてみることも必要だろう。いささか冗長なアプローチとはなったが、以下ではその蒙古襲来それ自体を扱うこととしよう。

# 蒙古襲来以前

**十三世紀、大宰府あるいは高麗**

幕府成立後も大宰府は健在だった。東アジア諸国との交渉は大宰府の専任とされた。が、武家勢力の九州進出にともなう鎮西《ちんぜい》奉行の存在は、大きいものがあった。

鎮西奉行は、九州の御家人統制と管内の治安維持を主務として、建久年間には天野遠景《あまのとおかげ》の後をうけ、武藤資頼《すけより》・大友能直《よしなお》が相並んで世襲した。武藤氏に代わってから代々大宰少弐《しょうに》に任じられ、同氏が府官の長となった関係で、大宰府は本来の職務も吸収されるにいたった。

安貞《あんてい》元年（一二二七）鎮西奉行武藤資頼は、高麗《こうらい》全羅州での九州辺民の暴状の送付を受領し、これを幕府に送っており（『吾妻鏡』安貞元年五月十四日）、これなどは幕府による外交問題への関与といってよい。そのおり、高麗からの牒状により資頼は高麗国使の前で悪徒九〇人を処刑し、通牒を送っている（『百練抄《ひゃくれんしょう》』安貞元年七月二十一日）。

同様な事件は貞永元年（一二三二）閏《うるう》九月にもおこり、幕府は守護に犯科人捕縛の指示を与えている（『吾妻鏡』同閏九月十七日）。また建長六年（一二五四）四月には、幕府は宋へ赴く貿易船（唐船）の船数を五隻と限定（『吾妻鏡』建長六年四月二十九日）、辺民の渡海・紛争をさける方策を指示している。

このように高麗を主とする対外関係は、実質上大宰府機構に依拠した鎮西奉行の担うところとなっていった。

この時期、東アジアにおいては蒙古が金を滅亡させ、わずか半世紀間に朝鮮半島・雲南・西蔵（チベット）・安南（ベトナム）をはじめ、アジア諸地域にわたる巨大な版図の大帝国を建設していった。

蒙古による朝鮮地域の征服は一二三一年にはじまり、その後二十数年間にわたりくり返された。この間高麗王室は江華島に逃れたが、とりわけ一二五四年の侵略での被害は大きく、捕らえられた男女二十余万、殺害者は甚大な数におよんだとされる。

著名な三別抄《さんべつしょう》の乱（一二七〇〜七三）での抵抗もあったが、最終的に一二五九年に高麗は蒙古の属領となった。そして翌年、蒙古では世祖忽必烈《フビライ》が大汗の地位につき、都を大都（北京）にすすめ、一二七一年（文永八）には国号を元とした。蒙古の対外征服方針は「異を以《もっ》て異を制す」であり、わが国への侵寇も征服した高麗の負担において遂行されることになった。

## 蒙古使の来朝と幕府の対応

文永五年（一二六八）正月、高麗からの国使潘阜《はんよ》がやってきた。世祖忽必烈からの国書を携えての来訪だった。鎮西奉行武藤資能《むとうすけよし》は、ただちにこの状況を幕府に報じた。幕府はこれを朝廷に奏した。京都の驚きは大きく、近衛基平はその日記に「国家の珍事、大事なり、万人驚歎の外なし」（『深心院関白記《しんしんいんかんぱくき》』）と記していることからもわかる。要求拒否への報復も予想される状況のなかで、種々の対応が講ぜられた。

参考までに読み下しを付した史料をかかげた。文面には日本との国交要望が記されてはいたが、「兵を用うるに至りては、夫《そ》れ孰《たれ》か好むところならん」との威嚇の姿勢も読み取りうるものだった。ともかく、こうした幕府の意志は朝廷に伝えられるとともに、翌二月には諸国の御家人たちに合戦への準備をすすめさせることとした。朝廷にあっては、この

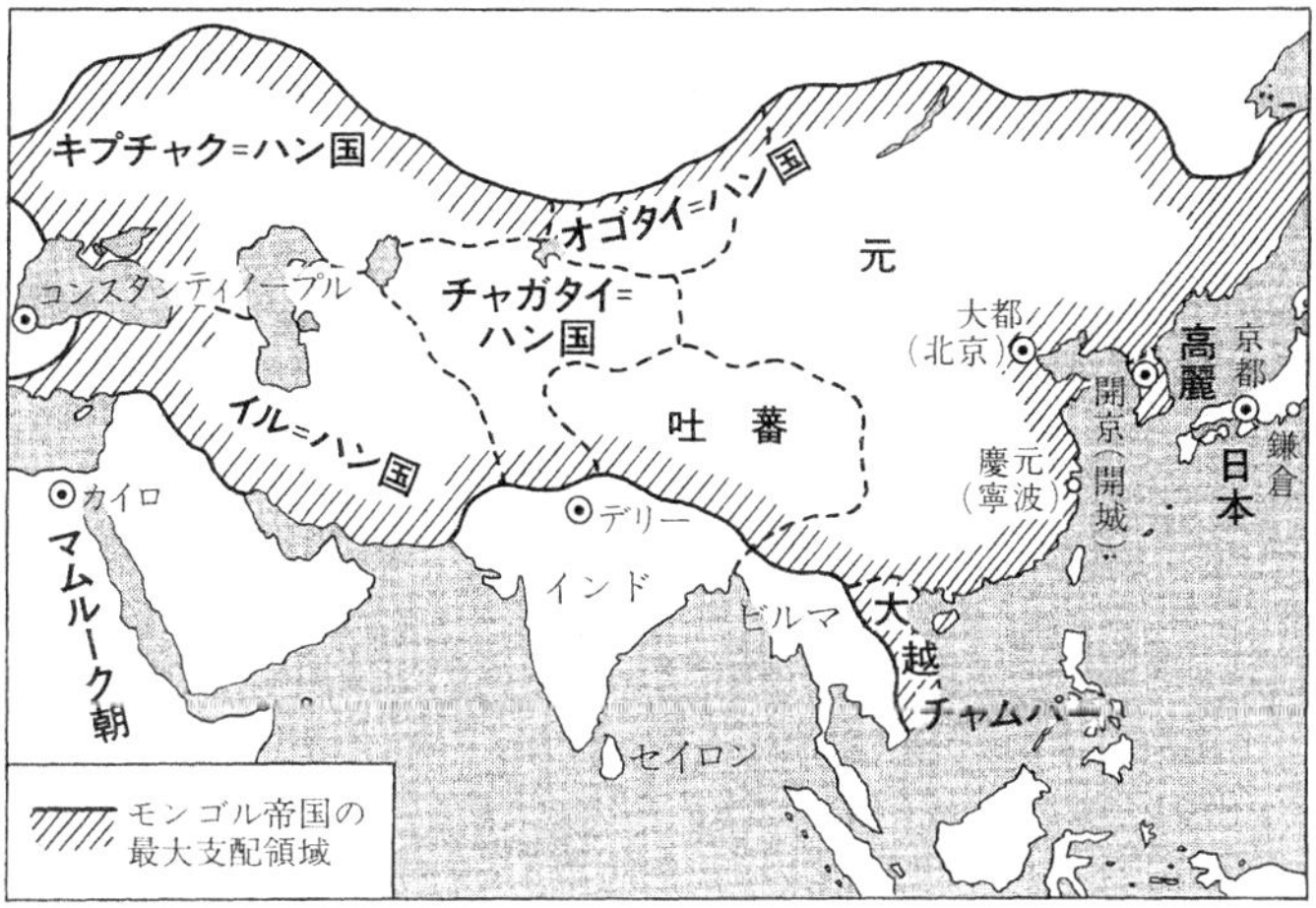


図13　蒙古の勢力範囲

蒙古国書　至元三年（一二六六）八月

上天の眷命《けんめい》せる大蒙古国皇帝、書を日本国王に奉《たてまつ》る。朕惟《ちんおも》んみれば、古より小国の君、境土《けいど》相接すれば、尚《なお》努めて信を講じ睦を修む。（中略）朕即位の初め、高麗の辜《つみ》なき民の久しく鋒鏑《ほうてき》につかるるを以て、すなわち兵を罷《や》め、その疆域《きょういき》を還し、その旄倪《ぼうげい》を反《かえ》らしむ。高麗の君臣、感戴して来朝せり。（中略）高麗は朕の東藩なり。日本は高麗に密邇《みつじ》し国を開きて以来、また時に中国に通ず。朕が躬《み》に至りては、一乗の使の以て和好を通ずるなし。尚恐らくは王国のこれを知ること未だ審《つまび》らかならざらん。故に特に使を遣わし、書を持ちて朕が志を布告せしむ。冀《こいねが》わくは、自今以往問を通じ好を結び、以て相親睦せん。（中略）兵を用うるに至りては、夫《そ》れ孰《たれ》か好むところならん。王それこれを図れ。不宣《ふせん》。

（『調伏異朝怨敵抄』）

方針を是《ぜ》として高麗使への回答を黙殺する形で帰国させた。

以後、蒙古側は再三にわたり使者の派遣をおこなった。翌年の文永六年には蒙古・高麗の使者六十余人が対馬に訪れ、返答を求めたことがあった。このため京都の朝廷では四月二十六日に院の評定が開かれ、蒙古側への刺激をおさえるために返牒《へんちょう》を用意し清書がなされた。しかし屈辱を拒否した幕府の強硬な態度により、これは反故《ほご》とされ使者も追い帰されるという事件もあった（『師守記《もろもりき》』貞治六年五月九日、大外記中原師茂異国牒状）。

当然そこには、敵情視察（海路や地形の偵察）もあった。当時幕府首脳は執権に北条時宗、連署に北条政村があたったが、九州の守護・地頭に命じ異国防禦に備えさせ、鎌倉在住の鎮西の御家人には帰国を指示した。

理由は外敵への対処とともに、内なる敵＝悪党への対応でもあった。たとえば文永八年（一二七一）九月には蒙古襲来のうわさがあって、肥後国野原荘の地頭小代《しょうだい》氏に「守護の指示に従って異国への防衛に力を尽くし、さらに領内の悪党の鎮圧に努力せよ」との指示が出されている（『小代文書』文永八年九月一、三日、関東御教書）。

この文永八年九月は、蒙古の使者趙良弼《ちょうりょうひつ》が筑前今津に訪れた時期でもあった。国書の日本国首脳への進呈要請だったが、鎮西奉行はこれを拒んだため十一月末を最終の回答の期限とした。まさに最後通牒である。しかし基本方針の変更はなく回答を与えないまま趙良弼を帰国させたので、交戦状況へと突入することになった。

以上の諸点も含め、文永・弘安両合戦の大局的流れは表3・4を参照していただきたい（なお、両合戦の経過や意義については、古典的な名著として相田二郎『蒙古襲来の研究』吉川弘文館、また蒙古・高麗側の政治的動向については、池内宏『元寇の新研究』東洋文庫、を参照のこと）。

# 文永合戦と弘安合戦

## 文永合戦

蒙古軍との戦いの様子は『八幡愚童訓《はちまんぐどうきん》』に詳しい。以下はこれに依りつつ経過を語っておく。日本への侵攻は文永十一年（一二七四）十月のことだった。蒙古・高麗両軍四万余兵、九〇〇隻の規模での来襲だった。合浦《がっぽ》から対馬への来着は五月のことで、地頭の宗《そう》助国が八十余騎で応戦するが敗北した。その後十四日には、蒙古軍は壱岐島を席巻する。二艘から四〇〇人が下船、守護代の平経高《たいらのつねたか》以下百余騎と戦闘するが、翌日は防戦のため籠もった城中で経高以下は自害した。この報は経高の下人《げにん》により博多に届けられた。急報を得た鎮西奉行は、管内の御家人に急を告げ、博多に集結させ迎撃体制で臨んだ。

少弐《しように》経資《つねすけ》が全軍の指揮にあたって、大友・菊池・原田・松浦《まつら》・島津などの諸氏が沿岸守備の部署につき蒙古側の攻撃に備えた。

本格的戦いは十九日のことで、今津から博多湾沿岸にわたり上陸した蒙古勢を二十日の夜明けに迎え撃ち、終日激戦がくり広げられた。

毒矢・火薬などの武器を使用した蒙古軍のため、形勢は日本側に不利となり夜に入って、水城《みずき》にまで撤退しここに布陣した。菊池次郎武房《たけふさ》および侘磨《たくま》別当太郎の率いる総勢二三〇騎が赤坂松原で合戦、敵の首級を得て大いに奮戦したが、苦戦は否めなかった。

しかし蒙古側の損傷も少なくなく、少弐《しように》入道（資能《すけよし》）の子景資《かげすけ》の射た矢により敵の大将軍を射落とす戦果をあげた。蒙古側は急造の艦船の粗雑さに加え、高麗をはじめとした被征服地域の兵力による混成部隊の弱点もあった。

その日の夜には海上に引きあげた蒙古軍を暴風雨が襲い、敗退を余儀なくされた。以上が『八幡愚童訓』を通じて確認できる戦闘の経過である。

それにしても博多・筥崎《はこざき》を侵したのみで、大宰府を攻略することなく、蒙古側が帰船したことが大いに幸いしたようだ。この撤退を完全な敗走とみるのではなく、当初よりわが国の戦力の打診と武力による威嚇を目的とした予定の行動とみる考え方もある。

図14　異国合戦における石塁（生の松原，福岡市教育委員会提供）

図15　(伝)モンゴル型皮鎧
（元寇史料館蔵）

表3　文永合戦関係年表

| 年　月　日 | | 内　容 |
|---|---|---|
| 文永 3(1266) | 8. | 忽必烈，黒的・殷弘の両人を使者として日本に発遣 |
| | | 11月，高麗到着 |
| 4(1267) | 1. | 高麗使者一行と巨済島に至り引き返す |
| | 8. | 忽必烈，再度黒的・殷弘の両人を高麗に派遣 |
| | | 11月，高麗の使者潘阜，対馬に到着 |
| 5(1268)閏 | 1. | 筑前守護少弐資能（覚恵），蒙古の国書を幕府に送致 |
| | 2. | 朝廷内で国書をめぐり評議，皇太神宮に公卿勅使 |
| | 7. | 高麗王元宗，使者潘阜を蒙古に送り，交渉不首尾を陳謝 |
| 6(1269) | 3. | 大宰府より六波羅探題に蒙古の2回目の使者（蒙古使8人，高麗使4人，従者70余人）の対馬来着の報告をする |
| | 4. | 院の評定がなされ，返牒送付を決定するが，幕府は意見に従い返牒の不送を決定 |
| | | 蒙古使節，島民2名を捕虜としてつれ帰る |
| | 9. | 蒙古第3回の使者，対馬に到来．幕府，返牒を断る |
| 8(1271) | 9. | 蒙古第4回の使者，趙良弼到着．高麗牒状への評議 |
| | | 天下泰平の仁王会と願文作成の勅命 |
| | | 幕府より，薩摩国阿多北方地頭の二階堂氏（本貫地相模）および肥後国の御家人小代氏（本貫地武蔵国）に宛てて，軍兵発向の下知 |

| | | |
|---|---|---|
| | 10. | 後深草上皇，石清水に参じ，異国の事について祈念 |
| 文永10(1273) | 3. | 趙良弼，再度来朝，京都への上洛を目ざすが成功せず帰国 |
| 11(1274) | 3. | 蒙古，忻都・洪茶丘を海陸軍の大将として，日本遠征の計画がなされる |
| | 10. 3 | 蒙古，高麗両軍（元と宋の両軍２万５千，高麗軍８千，水手６千余，計約４万人．９百余船）で合浦を出発 |
| | 10. 5 | 対馬佐須浦（佐浦）に来着，守護少弐氏の代官宗資国が80余騎でかけつける．資国一党討死後，郎党が博多に異国襲来を報告 |
| | 10.14 | 蒙古軍，壱岐島西岸に来着，少弐氏代官平景隆，百余騎で防戦．城中で自害 |
| | 10.16 | 肥前国平戸・能古鷹島を襲撃 |
| | 10.19 | 筑前国怡土郡の今津に来襲（元宋の漢軍が中心）．博多西方の麁原の百道原（高麗軍が中心．竹崎季長や菊池武房の合戦は，この麁原から赤坂においての戦い）．博多の箱崎（元軍の本隊，日本側の大将は少弐資能の子経資・景資）にも同時に上陸 |
| | 10.20～21 | 激戦後の大風で蒙古軍敗走 |

『八幡愚童訓』は蒙古軍の退いた様子を「只事《ただごと》ナラヌ在様哉《ありさまかな》」と「泣笑シテ」、安堵の胸をなでおろした旨が記されている。日本側にとっては「滅ビ死ナン」との危機的状況を脱し、その喜びの大きさが伝わってくる。

**異国警固と遠征計画**

蒙古軍の撤退が大風によったとはいえ、あまりに唐突だったので再来は必至とされた。すでに幕府は御家人にあらずとも、動員できる体制を鎮西奉行大友頼泰《おおともよりやす》を介し令達させていた（『大友文書』文永十一年十一月一日、関東御教書）。

同じ命令は、同日に安芸国の守護代武田信時にも出されており、防衛対策がまずは、①人事をふくめた軍事指揮権の拡大としてあらわれた。緊急避難的ではあったが、管轄外の非御家人にいたるまで、その軍事指揮権を獲得したことは、幕府権力の拡大という点では大きな意味をもった。

元来、幕府の軍事権限が可能なのは地頭・御家人のみであり、本所領家の武士（非御家人）に対しての支配・命令権は権限の外であった。その点でこの人事権限の強化は、幕府による鎮西諸地域の守護職の拡大につながった。

とりわけ北条氏による権力の伸長は著しいものがあった。建治元年十一月の九州の統括のいっそうの強化のため北条実政《さねまさ》を総帥とする鎮西特派、翌建治二年正月の北条宗頼《むねより》の長門守護補任、さらに翌建治三年七月の北条時村《ときむら》の筑後守護への任命などがそれであった。と、同時に②防禦対策として沿岸警備施設の強化もあげられる。いわゆる元寇防塁とよばれる石塁の造成だった。文永合戦での経験から水軍の弱点を補う意味で、海岸線での撃退に力を注ぐことになった。

石築地《いしついじ》による防禦ラインの構想は、もっとも原始的ではあったが敵軍を水際で退ける方法としては、有力な戦略だった。博多湾の筥崎から今津にいたる数里は、文永合戦においても蒙古の水軍が上陸した地点であり、地勢上からしても、再上陸の可能性の高い場所だった。

幕府はここに石塁の築造を命じた。それは九州の地頭・御家人に課せられた異国警固のための番役の一環だった。これに従事するために従来の京都警備の番役（京都大番役）は免除となった。すでに文永合戦以前の文永九年（一二七二）の段階には、この制度がスタートしたとされるが、蒙古襲来後は九州各国の御家人が結番により沿岸の防備を担当した。

石築地役は建治二年（一二七六）三月ごろからはじめられ、早くも着工一年に満たない時期に完成をみた。この石築地役は鎮西諸国の御家人の分担によってなされたが、九州諸国に割り当てられた石塁築造の区域がそれに該当した（相田二郎『蒙古襲来の研究』前掲）。

文永合戦の防衛構想としては、右のような受動的な戦略とは別に、むしろ積極的な対外遠征もこの時期の幕府は射程に入れていたようだ。いわゆる異国遠征計画がそれである。

建治元年（一二七五）十二月の西国御家人を中心とした高麗遠征計画はこれを語るもので、翌三月には九州御家人に命じ、異国遠征におもむく者への兵数と武具を注進させており、この計画がかなり具体的であったことがわかる（『東《とう》寺《じ》百合《ひゃくごう》文書《もんじょ》』建治元年十二月八日「関東御教書案」、『野上文書』建治二年三月五日「大友頼泰施行状」、なお相田前掲書参照）。

図16　(伝)モンゴル型鎧兜
(元寇史料館蔵)

表4　弘安合戦関係年表

| 年　月　日 | | 内　　容 |
|---|---|---|
| 建治元(1275) | 4. | 蒙古使節，杜世忠が長門国室津に渡来 |
| | 9. | 幕府，使節を鎌倉竜口で斬首 |
| 2 | | この時期，元と高麗の間で対立（元軍の大将洪茶丘と高麗軍の大将金方慶の対立） |
| 弘安2(1279) | 1. | 元は南宋を滅ぼす |
| | 6. | 忽必烈，南宋の范文虎に日本への使節派遣を命ずる．博多に使節到着するが，斬首 |
| 3(1280) | 2.<br>～12. | 建造船の準備をはじめ，日本遠征へ着手 |
| 4(1281) | 1. | 忽必烈，范文虎・忻都・洪茶丘の諸将に出軍の命令を授ける |
| | 5. 3 | 東路軍（忻都・洪茶丘の率いる蒙古・宋軍3万と金方度率いる高麗軍1万．船9百）は合浦を出発 |
| | 5.21 | 対馬の上県郡佐賀村を攻略 |
| | 5.26 | 壱岐を攻略 |
| | 6. 6 | 筑前国の志賀島に迫る．筑後国御家人草野経永伊予国御家人河野通有などの奮戦 |
| | 6. 8 | 海陸両方面での激戦．豊後国の守護，大友頼泰の奮戦．洪茶丘の敗走．肥後国御家人竹崎季長・大矢野種保などの勇戦 |
| | 6.13 | 志賀島での合戦で敗れた蒙古（元）軍は，肥前鷹島で江南軍を待つ |
| | 6.29 | 壱岐島での合戦．薩摩守護島津久経の弟長久・筑前守護少弐経資などの勇戦 |
| | 6.末 | 江南軍（南宋を主力，元将阿塔海と南宋の范文虎，兵力10万，船3千5百艘），肥前平戸に到着 |

| | |
|---|---|
| 7. 2 | 平戸で江南軍と東路軍合流（4千4百艘，14万人） |
| 7.27 | 先発隊が平戸から鷹島へ東進 |
| 7.30 | 北条師時，長門国守護となる |
| 閏 7. 1 | 台風により異国船の大半が漂没 |
| 閏 7.11 | 北条業時，播磨に派遣．山陽道を防備 |

合戦の全体的経過については表4を参照していただくとして、簡略な整理をほどこしておこう。蒙古による日本遠征は弘安年間に入り必至の状況となっていた。すでに建治元年には蒙古の使者杜世忠《とせいちゅう》を鎌倉竜口《たつのくち》において、弘安二年（一二七九）には周福を博多において斬首していた。

## 弘安合戦

モンゴル側は南宋を攻略し、これにもとづき編成された一〇万の江南軍と、蒙古・高麗両軍を主軸とした四万の東路軍より編成されていた。弘安四年（一二八一）五月、高麗を発した東路軍は、対馬・壱岐を攻略しながら南下し、六月初めに博多湾へとせまった。

六月六日志賀島に仮泊した蒙古の軍勢に対し夜襲攻撃をかさね、八日には海の中道を経て志賀島を日本勢が猛襲したこともあり、蒙古軍は志賀島からの撤収を余儀なくされた。

この間東路軍の一部は、長門沿岸の上陸をめざしたが成功をみなかった。志賀島を退いた東路軍は、壱岐島に拠って態勢の立て直しをはかろうとするが、鎮西の武士たちの活躍もあり、六月末から七月初めにかけて戦線は膠着《こうちゃく》した。

『八幡愚童訓』その他に見える大矢野種保《おおやのたねやす》・河野通有《こうのみちあり》らの活躍はこの間のものだった。とりわけ、次章にも指摘する『蒙古襲来絵詞《もうこしゅうらいえことば》』の主人公竹崎季長の敵船突入の奮戦を伝える場面も、このおりのものだった。

幕府側の防禦策もいちだんと強化され、六月二十八日には鎮西諸国および因幡《いなば》・伯耆《ほうき》・出雲《いずも》・石見《いわみ》などの関係諸国からの官物《かんもつ》や荘園年貢の一部は兵糧米《ひょうろうまい》としてさしおさえられ、徴発する措置が講ぜられた（『弘安四年日記抄』）。

こうした状況のもとで、蒙古軍の本隊ともいうべき江南軍一〇万が、七月末北九州の海上に達した。すでに六月末以来、その拠点を志賀島から鷹島に移していた東路軍は、これと合流して一四万の兵力で進撃の態勢を整えつつあった。しかし、七月二十九日の暴風雨が災いして、船隊の大部分が打撃を受け退去した。翌閏《うるう》七月一日には日本側は掃討戦に力を尽くし、二千余人を捕虜として勝利を得たという。

以上が弘安合戦の概要である。この二度にわたる蒙古の襲来は、軍事面よりはむしろ思想面に大きな影響を与えた。いうまでもなく「神国」観念の醸成だった。以下ではこの「神国」観念の形成の問題についてみておこう。

# 彫磨された「神国」の観念

「元寇《げんこう》」と後世よばれたこの事件が、「神国」の観念をより彫磨させた。しばしば指摘されることがある。蒙古襲来が神国日本を誕生させた、と。近代の国定教科書の多くもそうした語調であった。このことに誤りはないが、いささか不充分であることも確かである。

## 貴族たちの対外観

ある種の観念が民衆の意識に定着するには長い時間が必要となろう。その意味で「神国」の観念も同様だった。「神国」云々の語はすでに平安時代に登場している。たとえば太政大臣であった藤原伊通《これみち》が二条天皇に献じた教訓の書『大槐秘抄《たいかいひしょう》』（十二世紀後半の成立）には、①高麗《こうらい》は神功皇后《じんぐうこうごう》の「征伐」した国であり、東国は日本武尊《やまとたけるのみこと》の平定した地域であること、②高麗はそのことをうらみ「会稽《かいけい》の恥」をすすがんと思っていること、しかし日本は「神国」なのでみな周辺諸国は恐れていること、③そして鎮西は「敵国」（高麗などの人）の人々が集まる場であり、日本からも対馬の人が高麗に渡ることがあるが、あまり好ましいことではないので「制法」をもうけている。

こんな内容のことが語られている。これは平安末期の貴族の公約数的な対外観（とくに新羅や高麗観）だった。①にもあるように、神功皇后の「三韓征伐」はまさに対朝鮮観の原点となっていることがわかる。と、同時にその対極的な位置として東国の平定のことが語られており、蝦夷＝東と新羅・高麗＝西は、ともに異域＝化外《けがい》のもっとも身近な対象として観念されていたことがわかる。

注目されるのは、高麗への警戒心だった。神功皇后の「征伐」に対する報復・復讐への恐怖だった。これは蒙古襲来においても同じであって、何度も引用した『八幡愚童訓』が語る世界もそうであった。そこでは、高麗を蒙古とひとしなみに扱う恐怖があった。このことが過度の「神国」観念を生み出し、神に守護されている国としてわが国を位置づけ、外圧の恐怖を緩和させる作用を与えた。

さらにいえば、この「神国」思想の登場が浄穢《じょうえ》の観念（天皇の居所、京都を清浄なる空間とみなし、同心円的に穢＝ケガレが充満する辺境地域へとつながる構造の思考）と結合していた点だった（村井章介『国境を越えて』校倉書房）。③に登場する海禁の制はまさにこれを示しており、ケガレ多い異国・異域の人々が集住する場への警戒観が、渡海の制限を設けた理由とされていることは興味深い。

ところで国境云々については、前述の刀伊入寇《といにゅうこう》のおりの指揮者藤原隆家《たかいえ》の指示は興味深い。隆家はそこで、壱岐・対馬を「日本境」の限りとすることと、追撃しすぎて「新羅境」に入ってはならぬことの指示を与えており、当時の国境の観念のあり方を探ることができる（『小右記』寛仁三年四月二十五日）。

### 海をめぐる二つの旋律

新羅海賊問題にゆれた九世紀後半の事情についてはすでにふれた。菅原道真の建議にかかる遣唐使の廃止は、大唐帝国の衰退と新羅海賊の横行が大きな要因だった。以後わが国の交易・情報の国家レベルでの交渉はなくなる。

いわば「閉の体系」へと移行する。新羅問題を契機とする対外的危機意識が、「閉の体系」への移行をうながしたとすれば、「神国」観念が貴族を中心とした日本の支配者層のなかに定着し始めるのも、ほぼ平安後中期の段階とみていいだろう。

律令国家から王朝国家への変化は、文化のレベルでは国風文化を誕生させたが、広くそれは文明主義に依拠した場面（律令体制）から文化主義への転換として総括できるはずである。前章でふれたように、海を介して東アジア世界に連結していた日本は、大陸との交渉・交流と深くかかわる段階（開の体系）と、これに消極的であった段階（閉の体系）があった。

前者は大化改新にともなう古代律令国家がこれにあたる。文明としての律令をお手本とした段階である。遣隋使・遣唐使による大陸文明の受容は、まさにこの「開の体系」（文明主義）の所産だった。

同様の体系は、中世後期から近世初期すなわち義満の日明貿易や、その後の南蛮貿易、そして日本町の形成とつながる東シナ海交易圏の形成された十五〜十七世紀も、この「開の体系」に属していよう。十八・十九世紀を軸とする鎖国の時代は、当然ながら「閉の体系」ということになろう。

とすれば、九世紀末から十四世紀にいたる平安後期から鎌倉期にいたるこの時期は民間での私的な交易を別にすれば、基本的には「閉の体系」（文化主義）に立脚した段階といえる。わが国の対外交流の場面を右の二つの旋律で整理できるとすれば、すでにふれた新羅海賊―刀伊入寇―蒙古襲来とつづく海防の危機は、九世紀末〜十三世紀における「閉」の体系化での軍事的危機ということになろう。

この諸段階こそが、じつは「神国」観念の形成とほぼ見合っていることも了解できるはずだ。そしてこの「神国」思想のなかでつねに定番とされたのが隣国朝鮮との対抗だった。その原点の一つが例の神功皇后伝説だったことはいうまでもない。

## 異域の構造

ところで右に見た「神国」と表裏の関係にある朝鮮への蔑視観は、これ以前からも存在していた。前章でもふれたように、有名な三善清行《みよしきよゆき》の「意見封事十二箇条」(『本朝文粋《ほんちょうもんずい》』巻三)にも登場する。醍醐《だいご》天皇に上呈したその意見書では、国内政治の刷新とともに、対外的危機にむけての防衛構想にも話がおよんでいる。

そこには九世紀末から十世紀初の国家が直面した軍事的危機として、蝦夷問題(「蝦夷の乱」)と新羅問題(『新羅の警』)の二つが指摘されている。内容は海岸防備のために、新弩《ど》の設置と弩師《どし》の派遣が急務なることの要請を語ったものだが、神功皇后がここにも登場している。対新羅問題には神功皇后伝説が定番とされたようだ。

律令国家が最盛期の八・九世紀段階にあっては、西高東低型の気圧配置のことばに似て、その軍事的課題は未開の東を圧することだった。東国とりわけ東北の奥羽方面は、蝦夷の

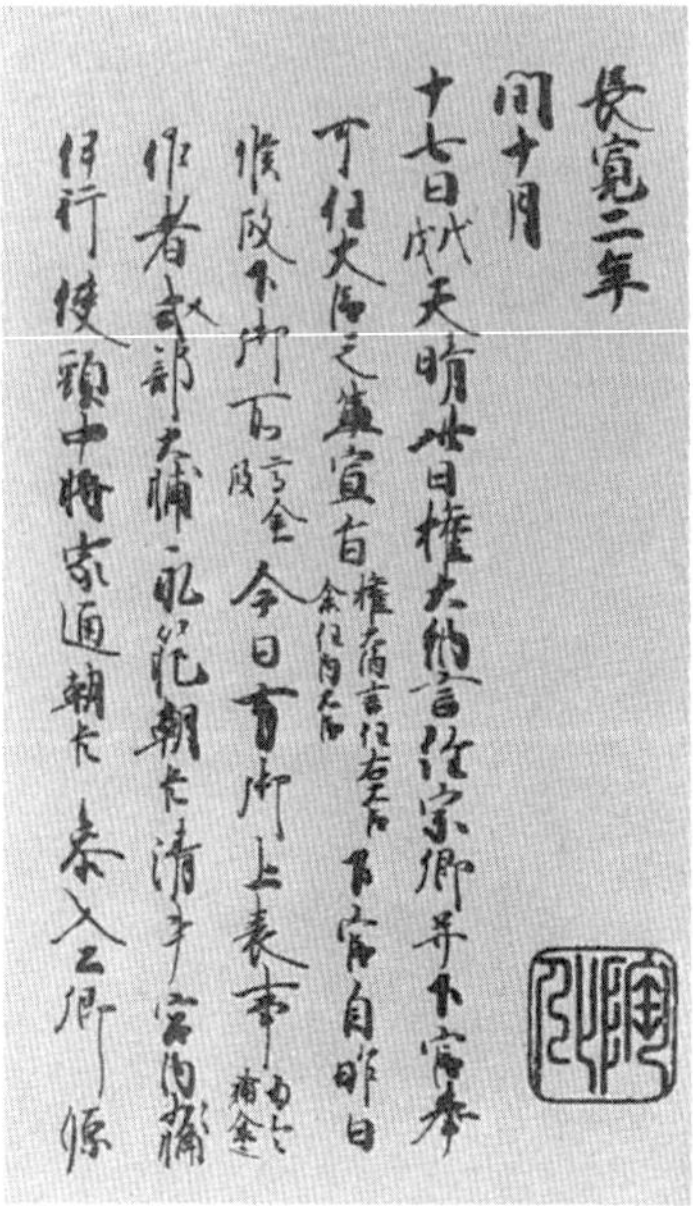

図17　『玉葉』　九条家本模影
（国書刊行会『玉葉』第1より）

住む異域と解され、これへの征服事業が最大の課題だった。

三善清行の指摘する「蝦夷の乱」は、その余波のなかでおきた九世紀末の元慶《がんぎょう》の乱などが念頭にあったにちがいない。だが、九世紀後半以降のさらなる課題は、この海防問題としての新羅海賊問題が浮上したことだった。

海を介しての文字どおりの異国＝新羅への警戒が大きくなっていった。浄穢の構造を空間的にみれば、新羅への恐怖もまた西への延長のなかで貴族の観念に定着した。東アジア秩序の解体（唐の滅亡）という状況のなかで、律令国家は、新羅海賊という、新たな対外危機に遭遇した。

王朝国家の軍事課題は、東の蝦夷問題に加えて西の新羅海賊問題とどう対するかであった。前述の三善清行の意見は、これを語るものであった。東西のそうした緊張する軍事課題のなかで、異域への認識が、それと連動しながら定着されるにいたる。正規の対外交渉が断たれた十世紀以降、かつての軍事的緊張をともなった地域が異域観念に投影され、こうした意識が浄穢の観念ともどども広がった。

たとえば、後白河法皇が清盛の仲介により福原で宋人と面会したことに対し、『玉葉《ぎょくよう》』の作者九条兼実《かねざね》は「延喜《えんぎ》以来の未曾有のできごと」と驚き、その行為を「天魔の所為」と嘆いている（嘉応二年九月二十日）。兼実をして嘆かせたのはまさに浄穢の意識であり、ここには延喜以来云々の表現からも知られるように、「閉の体系」後におけるわが国の対外観が語られている。

神国観念が思想のレベルまで昇華するのは中世の成熟を待たねばならないとしても、王朝国家の登場（閉の体系）がその始発となったことは明らかであろう。

# 神々の軍忠状

### 神の戦争—「水・火・風」の神慮

冒頭でふれた「百合若大臣《ゆりわかだいじん》」の話を想い出していただきたい。モンゴル襲来という史実に取材したこの説話のはじめには、「ムクリ」（蒙古）との戦争に傷ついた住吉の神が登場する。異国との戦いでは神々もまた負傷した。

『八幡愚童訓』にも、その神々の戦いについてふれられている。石清水《いわしみず》八幡宮の神官により描かれたとされるこの書物は、八幡神への高揚が充分すぎるほど語られている。われわれにとって興味深いのは、神も異国合戦に参じたというプロパガンダだった。八幡神・天照神はもとより、地域の小さな神々にいたるまで合戦に参陣した。公家・武家・

庶民を問わず神仏への敵国退散の祈願は、神々を戦争へと動員させることになった。

多くの寺社縁起に登場する霊威なり神威なりの世界はそれぞれだった。たとえば、その『八幡愚童訓』には「神功皇后ハ海水ヲ上ゲ、文永ハ猛火ヲ出シ、弘安ニハ大風ヲ吹ス、水火風ノ三災、劫末《ごうまつ》ナラネド出来《いでき》テ、神慮ニ任《まかせ》テ自在ナリ」として神による戦争を語っている。

神功皇后はここでも異国合戦における伝説の原点とされている。ここにみえる「水火風ノ三災」の「神慮」はむろん史実ではないにしろ、神を信ずる人々には真実とされたに違いない。その真実は神官あるいは巫女《みこ》たちを介し「神のいくさ」として、異国との戦いは喧伝された。

蒙古軍が大宰府水城《みずき》を攻撃し、劣勢が予想された例の文永合戦のおりのこと、真夜中に筥崎宮から八幡大菩薩の使である白装束の者三千人が突如立ち現われ、おびただしい矢を蒙古軍に放ったという。その光景は「身ノ毛モ竪テ怖シク」なるほどで、「波ノ中ヨリ猛火」があって、これがために蒙古軍は肝を潰し敗走したという（『八幡愚童訓』）。まさしく「神軍ノ威勢」だった。

同様の報告は各地から届けられた。紀伊国高野山金剛峯寺の鎮守丹生明神《にうみょうじん》の場合もそうだった。弘安合戦に際し、日本国の神々も蒙古に発向することになった。天野明神（丹生明神）は第一陣として四月二十八日丑刻《うしのこく》（午前二時）と決し、それにむけて不動火界咒《ふどうかかいじゅ》を修して神の威光を増すべし、そうすれば、六・七月中には本朝安全なるべし、との霊託の旨が報ぜられた（『紀伊興山寺文書』正応六年三月二十八日「太政官牒」）。

むろん右の託宣が史実を付会させたものであり、今日からすればなんら驚くに値しないが、そうした託宣は、当時の人々にとってはまさに真実と受けいれられた。

この異国との戦争で神慮なり神威なりが、いやがうえにも高められた。日本国中の神仏を動員しての異国撃退の祈願、それはあたかも武士たちの警固番役に対応するかのようであった。春日・住吉・日吉・祇園の各社が、各月を分担し異国降伏の祈禱をした。

### 神々の軍忠状

神や仏も動員され、敵国調伏《ちょうぶく》や加持祈禱という世界で戦った。当然ながら、諸国でのこうした神々の軍忠状に対し、武士と同様に恩賞の要求も激しかった。

肥前国武雄《たけお》社の場合もそうであった。同社は異国降伏の論功行賞から漏れ、これを幕府に訴えた（『武雄神社文書』大宮司藤原国門申状）。そこには武内宿禰《たけのうちのすくね》以来の同社の由来が長大な縁起として述べられ、武雄社が異国襲来にさいし、どれほどの霊験があったかが語られている。

文永合戦のときには神殿から発せられた鏑矢《かぶらや》が賊船を射ぬき、これがために敵は撤退したこと、弘安合戦では紫の幡《のぼり》が異国の船の方向に飛び去り、大風を起こしたこと、などが述べられていた。こうした神の軍忠にもかかわらず行賞に漏れたことは、堪え難しとするものであった。

右の申状によれば、鎮西諸社にあってはこの武雄社もふくめ肥前国では鏡社・河上社、

図18　肥前国武雄社

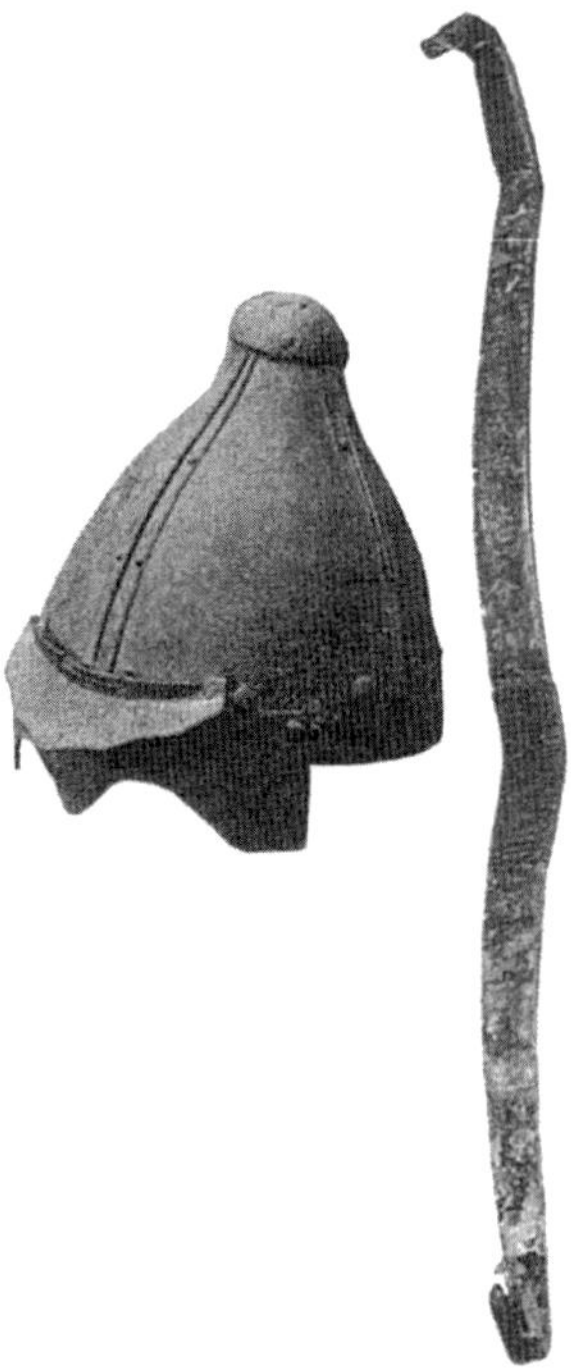

図19　モンゴル型兜と（伝）モンゴル軍弓
（元寇史料館蔵）
弓は全長64cm

筑前国の住吉社、筑後国の高良《こうら》社、肥後国阿蘇社の六社が選ばれた。恩賞を受けるために諸社は、いかなる霊験があったかを報告し、それにもとづきどこの神にどのような恩賞を授けるべきかが定められていた。

それはまさしく「神々の軍忠状」とでも表現されるべきものだろう。武雄社の場合、他の鎮西諸社に料所寄進がなされたにもかかわらず、自社のみが漏れたことへの憤りだった。

ともかく異国との戦争は、内なる日本国の神々の復権に恵みをもたらしたようだ。「神領を買得した甲乙人は、無償で返却せよ」。弘安七年（一二八四）六月、幕府は九州の寺社にこんな内容の法令を出した（「関東評定書」『新編追加』）。

いわば寺社の軍忠に対しての徳政令だった。一般には神領興行令とよばれるものがそれだ。この弘安段階のものも含め、以後三度の神領の復興令が出されている（相田二郎『蒙古襲来の研究』、海津一郎『蒙古襲来』吉川弘文館を参照）。

**異国合戦がもたらしたもの**

武家はもとよりこの異国合戦にあっては、公家さらに寺社家とそれぞれが応分の忠節を武力や加持祈禱という形で提供した。それは武威そして神威（霊威）の高揚につながった。異国合戦は武威の面からは軍事権門としての武家の存在感をより高めた。

十世紀の天慶《てんぎょう》の乱以降、自己を主張しつづけた武威の力は、十二世紀に幕府を創出することで中世国家の内部に日本国の守護権を獲得した。承久の乱は鎌倉の幕府が、軍事権門としての自己を練磨するための大きな一歩だった。執権体制の確立とこれにつづく得宗《とくそう》専制の登場は、その具体的な表現ともいえる。

承久の乱が、東国と西国という公武両勢力における地域的偏差の解消をもたらしたとすれば、武家が自己を拡大するためのさらなる一歩となったのが、この異国との戦争だった。

非御家人への軍事指揮権の獲得という事態は、武家（幕府）への求心力の増大につながった。この求心力は、日本の神々を武家の守護神として位置づけ直す契機ともなったから

図20　伊勢神宮（昭和48年式年遷宮時）

である。異国合戦での神々の参陣は神の戦争を演出することで、神威を高めることにつながった。

すでにふれた弘安七年（一二八四）の神領興行令を含め、以後の三度にわたる神領の復興運動は、神の戦争とその軍忠に対しての当然の恩賞だった。その差配が実質上幕府によってなされたことは大きかった。

とりわけその果実を手にしたのは、神々の総本山ともいうべき伊勢神宮の神領だった。とくに幕府との関係が深かった外宮《げくう》の神領がその恩恵に浴することになった。神仏分離を軸とする度会《わたらい》氏による伊勢神道の原点ともなった。

伊勢神宮は、よく知られるように皇室の氏神としての内宮《ないくう》（天照皇太神宮）と地域神に系譜をひく外宮《げくう》（豊受《とゆけ》大神宮）の両者があった。神領興行令による神領の復権をもっとも優位な形で展開したのは、武家勢力と連携した外宮の度会氏だった。

地域神である外宮勢力が幕府と結合するなかで、王権の守護神たる天照系の内宮と対峙する力を、武権との連帯のなかで見出すことになった。

次の課題は、これまでの巨視的な見方とは別に、蒙古襲来で活躍した一人の武士――竹《たけ》崎季長《ざきすえなが》――の姿を追いながら、中世の武士像をさぐりたい。

# 「神風」の武士像

『蒙古襲来絵詞』をひもとく

# 『蒙古襲来絵詞』について

ここでの課題は『蒙古襲来絵詞《もうこしゅうらいえことば》』である（本絵巻は『日本絵巻物全集』IX、角川書店などに収録されており、関係論文もそれによる）。肥後国（熊本県）出身の御家人竹崎季長《たけざきすえなが》の活躍が描かれている有名な作品である。

## 絵詞に描かれた世界

合戦《かっせん》絵巻《えまき》の白眉《はくび》に位置するこの作品には、中世武士の合戦のさまざまが描かれている。臨場感あふれる描写を通じ、中世武士の戦場での息吹が伝わってくる。文永と弘安の両度にわたる戦いの様子もこの絵詞が伝えるものだ。モンゴル軍との戦いにさいしての彼我の戦闘法の違い、論功行賞と軍忠の関係、一番駆《いちばんが》けの思想、さらには絵巻にみられる武具・甲冑《かっちゅう》の構造などの描写、いずれの点においても中世武士の戦場での臨場感を伝える恰好《かっこう》の材料といえる。

くわえてこの絵巻のおもしろさは、そのリアリティーが戦場以外の場面でもみえることだ。季長のもう一つの戦いともいうべき鎌倉への恩賞訴願である。幕府首脳安達泰盛《あだちやすもり》への直訴と名誉回復のための執拗《しつよう》な戦いの描写である。詞書《ことばがき》として添えられた各場面に、中世武士の一所懸命《いっしょけんめい》が見事に伝わってくる。

現存する『蒙古襲来絵詞』は右の鎌倉下向《げこう》のストーリーとともに、文永・弘安両役での合戦描写がみえており、時間的な流れからは、文永の合戦↓鎌倉下り↓弘安の合戦という三つの主題に即して語られている。ここには奇《く》しくも中世武士としての二つの側面（戦士と領主）が活写されている。

戦い（武芸）を業（職能）とした戦士がこれであり、新たに恩賞として与えられた海東《かいとう》郷《ごう》の地頭領主がそれであった。竹崎季長に典型化される中世武士の多くは、この二つの側面を併有していた。

なお、本絵詞の作成目的は「奥書」に、甲佐《こうさ》大明神への報恩・報謝の念が語られており、その霊威・神徳に報いるための奉納だったことがわかる。甲佐大明神は肥後国の二宮で文永の役後、季長の鎌倉出訴にさいし祈誓《きせい》をこめた神だった。

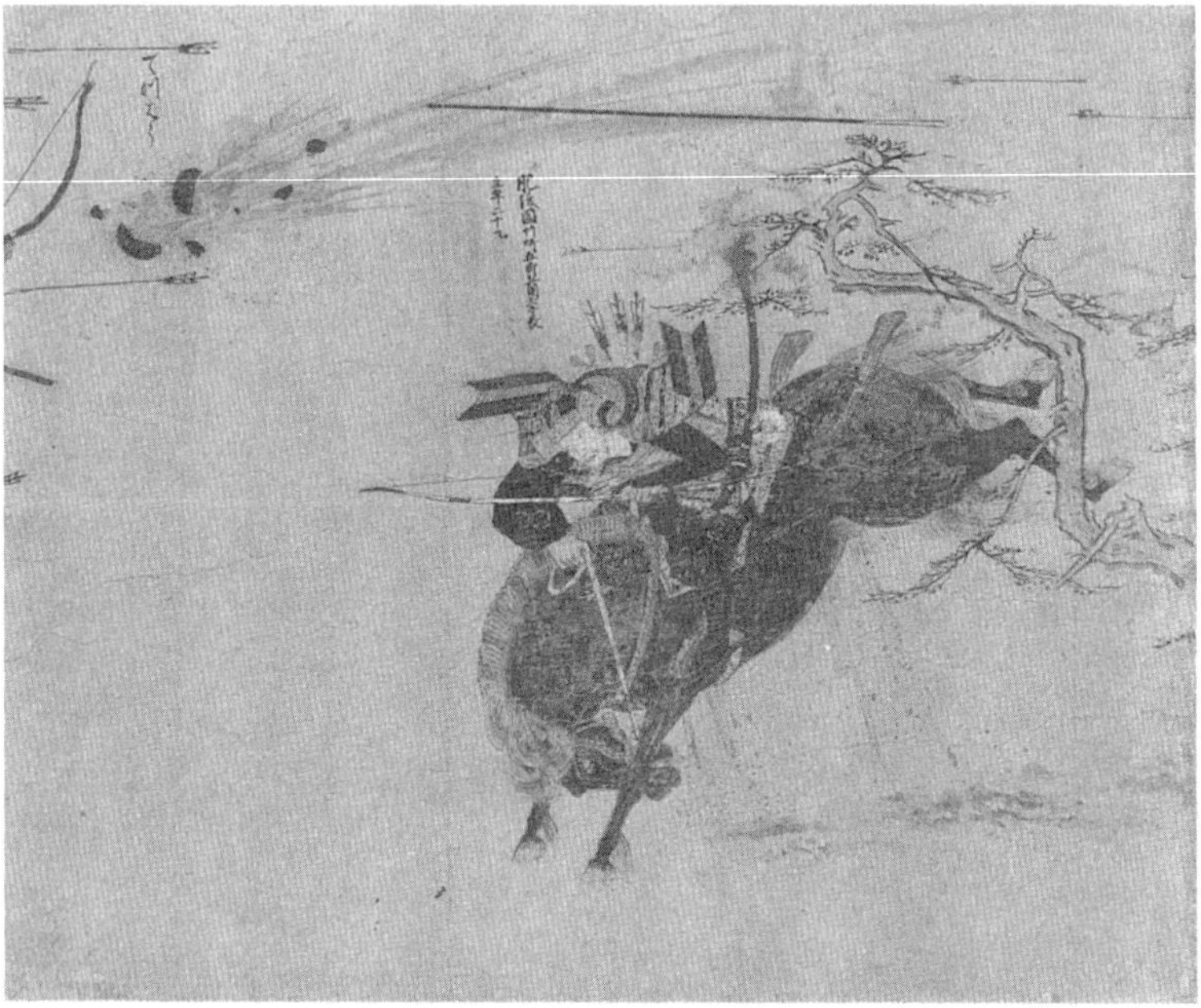

突撃する季長（宮内庁三の丸尚蔵館蔵）

図21　『蒙古襲来絵詞』

以下では絵詞の流れにしたがって季長の活躍をトレースすることにしよう（なおこの『蒙古襲来絵詞』の成立時期を含め内容上の論点については、石井進「竹崎季長絵詞」『中世政治社会思想』上〈日本思想大系〉岩波書店、同『鎌倉武士の実像』平凡社を参照）。

**文永合戦の季長**

(1)九州博多で蒙古軍を迎撃すべく大将少弐《しように》景資《かげすけ》の指揮下に参じた季長は、「肥後の国の先懸け」を思い立ち、敵陣の赤坂に馳せ向かうことになる。途中で、百余騎で蒙古軍をかけ破り、首級二つを持ち帰った菊池武房の一行と出会い、名乗りをかわしあう。以上が臨戦体制下での描写であり、次に「絵巻」は季長の奮戦を伝える場面となる。

(2)やがて、赤坂から麁原《そはら》に退却した敵陣へと季長以下主従五騎（姉婿の三井《みつい》資長《すけなが》、旗指《はたさし》の資安《すけやす》、郎従の藤源太《とうげんた》、中間《ちゅうげん》一名）は突入する。味方の来援を待ち「証人」を立て合戦に臨むべきだとの意見に、季長は「戦の道は先懸けが武功の最たるもの」といって塩屋の松のもとに進撃した。

最初に「旗指」が馬を射殺され、ついで季長以下の三騎とも「痛手」を負い劣勢となったところに、肥前の御家人白石《しろいし》通泰《みちやす》が「後陣」より助力してくれたため危機を脱した。「異敵のなかに懸け入り」「死ぬべかりし身」を自覚した季長は、通泰と互いに「証人」の約束をかわした。

現存の『蒙古襲来絵詞』ではすぐに場面は関東出訴に移る。

**季長、鎌倉におもむく**

(3)翌建治元年（一二七五）六月、季長は文永合戦での先懸けの武功を上申するために、中間《ちゅうげん》二名をつれ肥後国の竹崎（現在の熊本県下益城《しもましき》郡松橋町内）の地を出立する。「今度上聞《じょうぶん》に不達《たっせざれ》ば、出家してながく立帰事《たちかえること》あるまじ」（上訴が成就しなかった場合は、出家して帰らぬ覚悟である）との強い決意で、一族内の反対をおし切り、馬・鞍を売り路銀を工面しての鎌倉立ちだった。

やがて長門国赤間関《あかまがせき》に到着した季長は、元服のおり烏帽子《えぼし》親《おや》の役をつとめた守護代の三井左衛門季成《すえしげ》から歓待を受け、馬や旅費を送られる。東海道を下り、八月十日に伊豆の三島大明神、翌日には箱根権現に祈った後、十二日ついに鎌倉に着した。

以上(1)〜(3)までが文永合戦から鎌倉下向にいたる描写場面の大要である。

**安達泰盛との対面**

(4)幕府の恩賞奉行安達泰盛との対面がかなった季長は、自身の戦功の経過を報じ、一番駆けの注進洩《も》れのことを訴えた。泰盛との一問一答がつづくなかで、「討死《うらじに》、分捕《ぶんどり》」もない季長に泰盛は「手疵《てきず》をかぶらせ給候と見え候上は、何の不足か候べき」（負傷で立派な戦功を立てているのに、これ以上何が不足なのか）

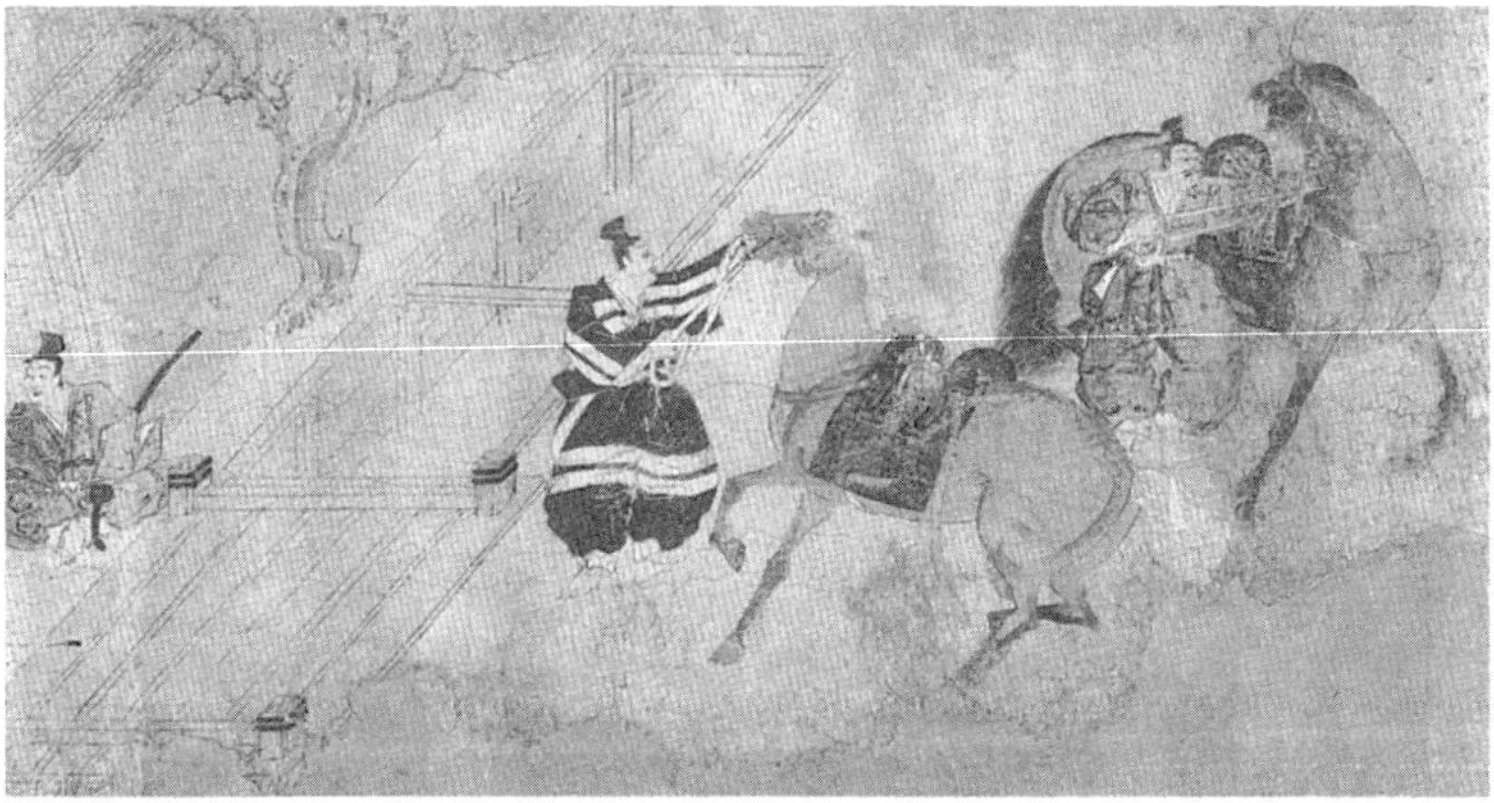

安達泰盛邸（宮内庁三の丸尚蔵館蔵）

図22 『蒙古襲来絵詞』

図23　安達邸跡の碑

と問う。

これに対し、自分の意図はたんに恩賞目当てではなく、一番駆けの功のことだと力説し、偽《いつわ》りであったなら「首を召さるべく候」（首を差し出します）とまでいい切った。季長は自分の戦場での一番駆けの行為を鎌倉殿が承認してくれなければ、「弓箭《きゅうせん》の勇み、何をもつかまつり候べき」（戦さでの武勇は何の意味があろうか）と力説する。

泰盛もついに季長の主張をいれ、恩賞は間違いなく与えられるであろうから早く下向するようにさとす。

(5)翌四日、泰盛の甘縄館《あまなわやかた》に参じた季長は、泰盛に仕えている肥前の御家人から衆議のなかで「奇異の強者《ごうのもの》」とうわさされたことを聞かされる。

そして十一月一日、季長は泰盛から肥後国海東郷の地頭に任じられた将軍家の下文《くだしぶみ》を与えられる。この時泰盛は右の下文は将軍より「直に進ずべき仰せ」（直接渡せとの指示）である旨を季長に伝えた。

さらに泰盛より馬を贈りたいとの破格の申し出を快く承諾し、季長は帰途につく。以上の(4)(5)が鎌倉出訴にさいして、泰盛と対面しその経過を語った二つめのブロックである。

## 弘安合戦の季長

弘安四年（一二八一）五月から閏《うるう》七月にかけての再度の異国合戦の模様を、季長の活躍ともども描いたのが最後の三つ目のブロックだ。

その多くが失われ、補修にさいしては相互に錯簡もある。さまざまの議論もあるが、公約数的な理解が与えられているのは、(6)同年六月の博多湾・志賀島《しかのしま》での戦闘場面が一つ。そして、(7)閏七月一日、暴風雨で退却した蒙古軍を追撃し、肥前鷹島《たかしま》付近の戦闘を描く二つめのそれである。

(6)六月八日ころ、伊予の河野通有《こうのみちあり》に情況を確認した季長は、肥後国の武士たちの石築地《いしついじ》

敵船討入り（宮内庁三の丸尚蔵館蔵）

図24　『蒙古襲来絵詞』

の分担地「生《いき》の松原」へおもむき、これより敵船をめざし馳せ向かう旨を伝える。敵の軍船に押し寄せ合戦にいたるが、「力なく乗りうつらざりし」状況だった。季長の従者が疵をこうむり、これを島津長久《ながひさ》の配下御家人たちが「証人」となったことなどが語られている。

その後季長は「生の松原」で肥後国の守護代安達盛宗《もりむね》（泰盛の次男）の見参《けざん》に入り、「当国一番の引付につく」の栄誉を与えられた。このほか、志賀島に派した一族の野中太郎や郎従の藤源太は「痛手」を受け、乗馬二疋を射殺され、「証人」を立てたことなどが記されている。

以上が博多湾・志賀島での攻防戦の場面である。ここでは、江南軍到着以前の東路軍との戦いが主軸だった。

## 「大猛悪の人」

(7)の場面は、江南・東路両軍との最終局面での描写部分である。博多にむけ進撃を開始すべく肥前鷹島《たかしま》に集結した蒙古の船団を、暴風雨が襲い、壊滅的打撃を受けた蒙古軍掃討戦での季長の活躍場面である。

絵巻には、閏七月五日残敵を追撃しようとする季長に兵船の回漕がなく、「守護の手の物に候」（守護の配下の者である）と偽り、戦功に執着する季長の姿がみえている。

季長はその後もなんとか他人の兵船を利用し、蒙古船を攻撃しようとする。時として、他の兵船に便乗するため、あえて守護がいると偽り、兵船を近づけさせるが失敗したこともあったが、やがて季長の「懇望」に負け乗船を許される。

兜《かぶと》を忘れた季長は、脛当《すねあて》をその代用とするなど装備不充分のままでの戦いを強いられるが、翌六日には、季長は鎌倉から下向していた使者合田五郎のところにおもむき、残敵追撃のおりの「証人」を依頼する。

持船もないなかで、虚言をはいてまで戦おうとする季長の態度を合田は「大猛悪の人」とよび、その忠節を上層部に伝えることを約束する。

以上、右に記した(1)～(7)は、あくまで絵巻のストーリーを理解するための目安である。これらをもとに季長に代表される中世武士の戦士と領主の二つの側面を追ってみよう。

# 中世武士のいくさぶり

## 武士団のネットワーク

以下では季長のいくさぶりについてみておこう。まずは季長の武士団についてである。(2)の部分にもあるように、主従五騎と小規模なものだった。姉婿の三井資長・旗指《はたさし》の資安《すけやす》などの一族、そして郎従藤源太《とうげんた》および雑役に携わる中間《ちゅうげん》で構成されていた。ただし、弘安合戦のおりには(7)にみえるように、自己の武士団のうち一族の野中太郎や郎従の源藤太を志賀島《しかのしま》へと分派させており、地頭職の給与後でもあり、季長の武士団も大きくなったようだ。

姉婿の三井資長については、その名字から推して季長の烏帽子親《えぼしおや》三井季成《すえしげ》（長門国の守護二階堂行長の守護代）との族縁関係が予想される。一門の反対をおして肥後を出た季長

図25　『蒙古襲来絵詞』 季長一門の出陣（宮内庁三の丸尚蔵館蔵）

を長門で歓待した人物だった(3)。と、同時に「資」の字の共有から旗指の資安も季長の直接の配下ではなく、三井資長の一族か郎従だろうと推測される。弘安合戦で「親類」と記された野中太郎も、おそらくは婚姻ネットワークでのつながりだろう。

一般に中世における武士団の族的結合のありかたは、惣領制とよばれている。一族間での所領の分割経営を前提とし、家督（惣領）の指揮下で庶子と協力しながら軍役その他の奉仕にたずさわる体制をいった。

季長自身は、本領（地頭職）を持たない「無足」の身だった(4)。「本訴に達し候はで、無足の身に候ほどに」とは、泰盛と対面したおりの季長の詞だが、彼自身左衛門尉の官職を帯び、守護代を烏帽子親としている点などから、それなりの勢力を有していたと思われる。

「本訴」云々は一族間での所領相論の表現であり、それゆえに惣領家を含めた一族の人々とは、スムースな関係ではなかったようだ。鎌倉上訴における一族の反対云々はこれを示す（石井前掲書）。

このために季長の先懸《さきが》け主義とでもよぶべきいくさぶりには、戦闘での論功により失地挽回《ばんかい》をはかる強い意志を読み取ることができる。こうした季長個人の問題を離れたとしても、中世武士団での戦闘単位が、姻戚関係をも含むものであったことは、留意されてよい。『平家物語』『太平記』などからもわかるように、姻戚を媒介とした族的結合はたしかに強固なものがあった。「無足」の身であった季長にとって、頼るべきは姉婿などの姻戚関係であった。

## 「証人」と「見継」

戦場での「証人」の存在も興味深い。恩賞要求には、それを証明するための「証人」が必要だった。文永合戦において季長は、肥前の御家人白石通泰《しろいしみちやす》と「証人」の約束をしていた(2)。

当初季長は同じ肥後出身の江田又太郎なる人物と兜《かぶと》を互いに交換し、「見継《みつぎ》」（戦場で相互に行動を見定め、扶助し合うこと）することを約していた。気心の知れた人と約束をして、その戦闘の様子の証人になることを「見継」と称した。

ここで互いの兜を交換したということは、形状や色彩（威《おどし》の色合）などが判別できることを前提としたものだろう。それはまた戦闘が個人を主体としていることの証であった。弘安合戦でも同様だった。季長自身が疵をこうむったおり、島津配下の御家人が証人となっている(6)。その後蒙古軍の追撃場面にあっては、関東より下向した合田五郎なる人物が証人となった。

いずれにしても、ここには軍忠のためのルールが示されているとみてよい。手傷＝手負いの程度が報ぜられ、それが恩賞の基準となった。

## 先懸け主義

> 季長の戦闘行動には、たとえば「肥後国の先を懸け候はん」(1)とみえるように、戦場での季長の一番懸けの想いが語られている。それはまた「弓箭の道、先をもつて賞とす」との先懸け主義に通ずる。

ここには軍忠のあり方が凝縮されている。一つは郎従藤源太の発言に見られる証人重視の立場である。これは安全だが平凡な途だった。これに対しもう一つは季長の行動にみる一番懸け・先懸けであり、危険と背中合わせの行動だった。理想をいえば、両者が合体したケースだが現実には稀だろう。

季長を支えた行動の原理は、危険な賭にも似た先懸けによる軍忠だった。読者のなかにはこの季長の姿に、『平家物語』における一ノ谷合戦での熊谷直実《くまがいなおざね》や平山季重《ひらやますえしげ》の姿を想起されるかもしれない。弱小武士の決死の行動は『平家物語』の世界でもそうであるが、ルール違反をともなった。季長もまたそうだった。

大宰少弐《しょうに》武藤景資《かげすけ》は息《おき》の浜での敵軍迎撃を「兼日《けんじつ》の約束」としていたが、季長はこれに従わなかった。季長の鎌倉出訴は、彼が戦場で最大の価値とした一番駆け・先懸けへの認知であったこともうなずけよう。弘安合戦のおりに他の兵船に便乗してまで先懸けを敢行し、「大猛悪の人」と評されるほどの季長に中世の武士の一つの姿を垣間みることができよう。このあたりを他の合戦との対比で考えてみたい。

## 烟田一族の場合

それでは当時の武士のいくさぶりに関して、常陸国の武士団烟田《かまた》氏の例を参考にしつつさぐっておこう。同国鹿島郡を拠点に鎌倉～戦国期にわたり活躍したこの武士団の足跡は、『烟田文書《かまたもんじょ》』によりその全容を知ることができる。坂東平氏の平維幹《これもと》を祖とする常陸大掾《ひたちだいじょう》流《りゅう》に属する家系であり、鎌倉中期以降、鹿島郡徳宿《とくしゅく》郷内（茨城県鹿島郡鉾田《ほこた》町）の四つの村々の地頭職を領有した。開発領主の典型であった。所領の規模からみて、海東郷の地頭職を保持した季長の場合とそんなに大きな隔りはない。時代は少し下るが『烟田文書』には北朝（足利氏側）に参陣したおりの軍忠状が残されており、戦闘の様子を確認できる。

たとえば、建武五年（一三三八）十月日付「烟田時幹軍忠状」がそれである。神宮寺《じんぐうじ》城（稲敷《いなしき》郡桜川）での合戦においての、時幹とその家臣たちの軍功を記したものである。伊勢より海路で信太《しだ》郡東条《とうじょう》浦に着いた北畠親房《きたばたけちかふさ》は、神宮寺城に拠って、東国・陸奥での南朝側の勢力回復を策した。これを討伐するために出陣した佐竹勢のなかに、烟

図26　常陸平氏略系図

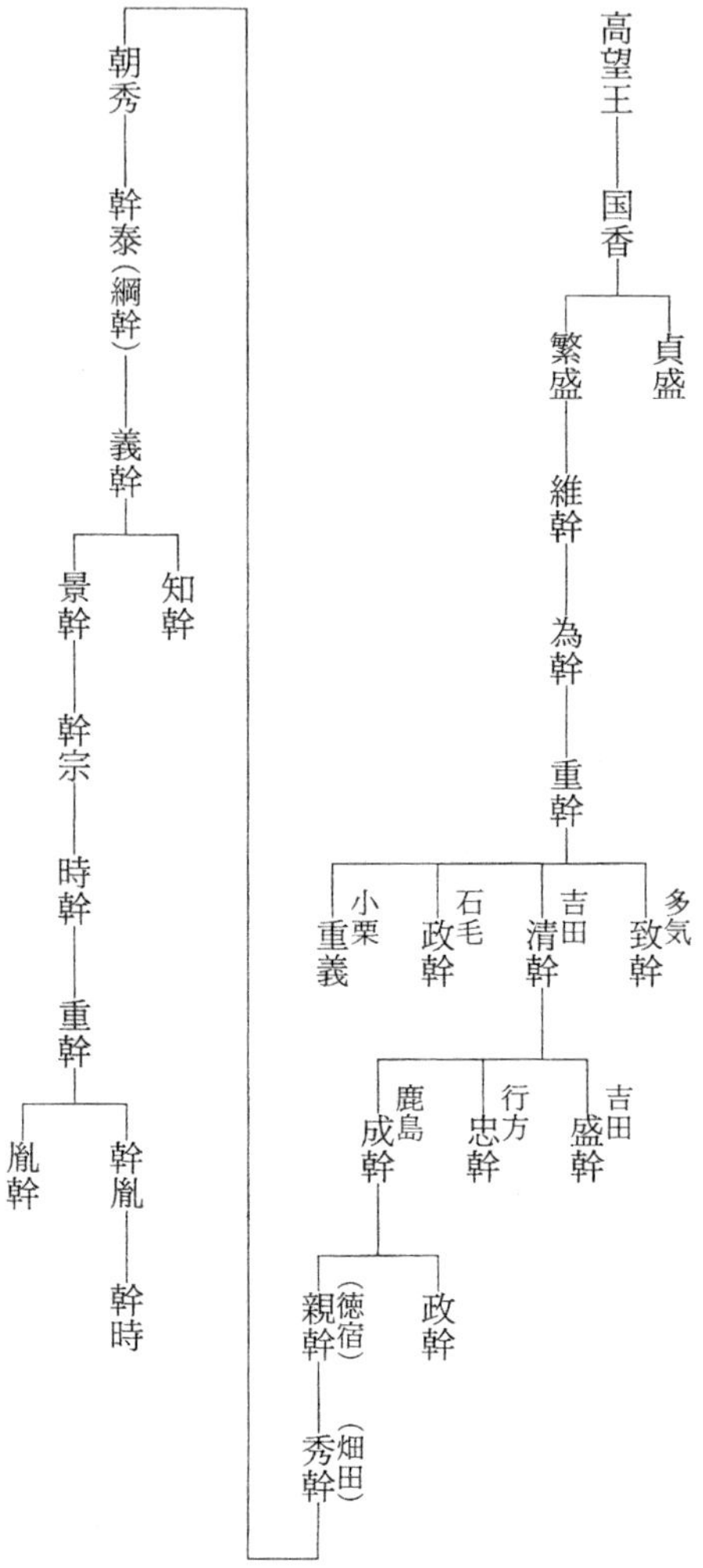
高望王
国香
貞盛
繁盛
維幹
為幹
重幹
多気
致幹
吉田
清幹
石毛
政幹
小栗
重義
吉田
盛幹
行方
忠幹
鹿島
成幹
政幹
親幹
（徳宿）
秀幹
（畑田）
朝秀
幹泰（綱幹）
義幹
知幹
景幹
幹宗
時幹
重幹
幹胤
胤幹
幹時

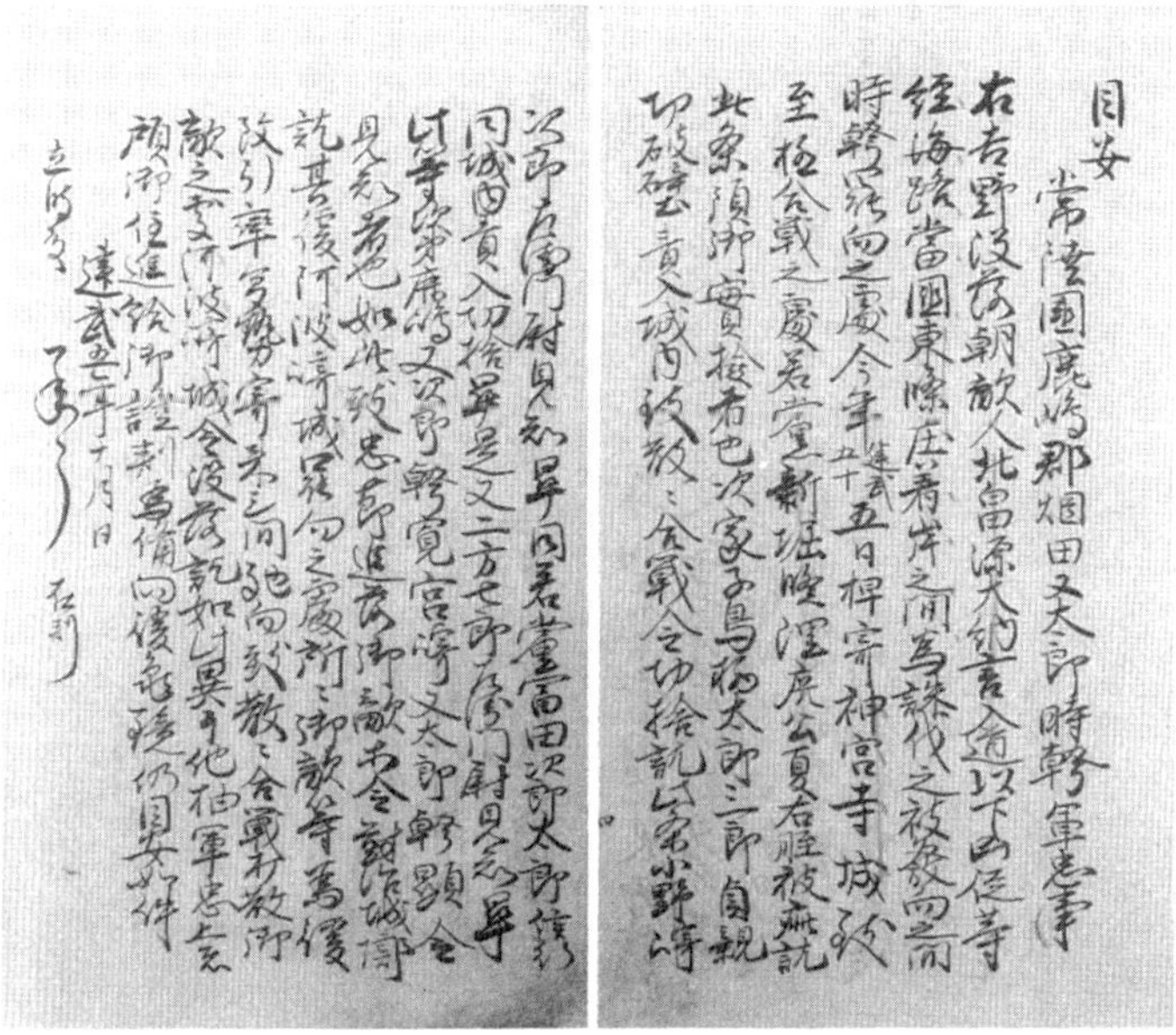
目安
常陸国鹿嶋郡烟田又太郎時幹軍忠事
右、吉野没落朝敵人北畠源大納言入道以下凶徒等
経海路、当国東條庄着岸之間、為誅伐之被発向、而
時幹馳向之処、今年建武五十五日押寄神宮寺城、於
至極合戦之処、若党新堀睦理庚公夏右脛被疵訖
此条預御実検者也、次家子鳥名太郎三郎自親
切破[illegible]責入城内被疵、々々合戦之功捨訖、[illegible]小野等
次郎左衛門尉見知畢、同若党当田次郎太郎能[illegible]
同城内責入切捨畢、是又二方七郎左衛門尉見知畢
[illegible]鹿嶋又次郎幹寛宮本又太郎幹顕令
見知者也、如此致忠節之処、御敵等令討落城郭
訖、其後阿波崎城発向之処、所々御敵等為後
攻引率多勢寄来之間、馳向致散々合戦打散御
敵之条、阿波崎城合戦忠節、如此異于他軍忠上者
預御注進、欲給御証判、為備向後亀鏡、仍目安如件
建武五年十月　日
承了（花押）在判

図27　「烟田時幹軍忠状」

田時幹とその一党がいた。

ここには、若党の新堀修理亮《しゅりのすけ》が右脛に疵を受けたこと、家子《いえのこ》の鳥栖《とりのす》太郎が敵陣に討ち入ったこと、さらに若党の富田次郎太郎も城内に攻め入ったこと等々、時幹が率いた武士団の奮戦が指摘されている。

## 「見知」と論功行賞

こうした家臣・従者たちの戦場での活躍については、小野崎次郎左衛門尉・二方七郎左衛門、さらに鹿島又次郎および宮崎又太郎の面々が、それぞれに「見知《げんち》」（そばにいて確認すること）している旨が示されている。

時幹が率いた武士団は、その規模からすればせいぜい一〇人内外であり、その軍忠を注進された配下の武士たち（若党や家子の呼称で示されている）の多くは、その氏名から推測できるように、烟田地域周辺の地名を名字としている。

右の事実からは、論功行賞での「見知」主義ともいうべき戦場での慣習を確認できよう。太刀か矢疵かは不明だが、右脛に疵を負った新堀修理亮はまさに〝名誉の負傷〟だった。負傷の深浅が恩賞の高下を左右したわけで、敵陣に討ち入った鳥栖貞親《さだちか》や富田《とみた》信行《のぶゆき》ともども烟田武士団の「一所懸命《いっしょけんめい》」の証《あかし》ということになる。

# 竹崎季長の一所懸命

## 季長の強さ

戦場における証人主義は烟田《かまた》氏の場合も共通していた。モンゴル合戦との対比でいえば、そこには半世紀ほどの時代差はあるものの、中世の武士の戦闘風景にはさほど差はないはずだ。大掾《だいじょう》流の鹿島氏より分出した烟田氏は、戦闘に際しては主家の鹿島一族の指揮下にあった。

当時の合戦での一般的情景は、郷村レベルの村々を単位とした地域領主が各所領単位に応じ、戦闘に参加したと想像される。したがって騎射戦を軸とした戦闘での最小単位は、細胞としての庶子家を基礎としていた。大掾流の末端に位置する烟田氏の場合、惣庶の関係から鹿島氏の配下で指揮を受けたものと判断される。

中世武士団はおおむねこうした惣庶関係を基礎に、その統合のなかで戦闘組織が構成されていたと思われる。以上の点を前提に季長の武士団をみるならば、次のような特徴を指摘できる。

まず第一は季長の武力が、惣庶関係とさほどの密接な関係を有していなかったという点である。このことは所領を持たない「無足」であった季長の強さ、失うものがない強さにもつながっているようだ。これが一族との内紛をかかえていたであろう季長の戦闘行動に、著しい自立性を与えている。

内紛云々については、(2)の場面で大将武藤（少弐）資長への着到での挨拶にさいし、一門から離陣した季長の「本訴に達し候はぬ間、若党あひそひ候はず」（所領の相論が決着をみず、ために若党＝家人がそろわない）との発言からも了解される。季長の武士団も本来ならば、息《おき》の浜にあって一門の惣領の指揮下で戦闘を遂行したはずであり、そうした場合にはさらなる若党勢力の参入も見込まれたことであろう。

第二にこのことは、戦場での「証人」の質にもかかわってこよう。烟田時幹の場合、鹿島氏という直接の指揮下にあった関係で、「見知」の人々はその氏名から一門の族縁者が証人とされた。

だが、季長についていえば文永合戦では、郎従の藤源太の「味方を待ち証人を立て合戦すべきだ」との意見を無視し、無謀な合戦を強行した。この戦闘では肥前の白石道泰の助力が幸いし証人を得たものの、証人の有無や選択の問題は、季長の置かれている状況を物語っていた。

一門の来援を期待し得ないなかで、当初兜を交換し「見継」の約諾をした江田太郎のような人は、容易には見つからなかったのかもしれない。

## 異国合戦のさまざま

それでは、季長が戦った異国との合戦はどのようなものだったのか。たとえば武器についてである。「蒙古ガ矢ハ短シト雖《いえど》モ矢ノ根ニ毒ヲ塗リタレバ……」とあるように、短弓にして毒矢だったとある。

そして蒙古軍は「一面一立並ビ」矢を雨のごとく射る集団戦法をこととした。そこでは寄せ手が攻めれば蒙古軍は「中ヲ引退キ両方ノ端ヲ廻合テ取籠《とりこむ》」という戦法を用いることで、日本側の武士たちを翻弄した。

季長主従五騎の場合も、おそらくは誘い込まれるように突撃し、両翼から矢を射られたのだろう。蒙古軍の着した甲冑《かっちゅう》は軽く、騎馬の戦いに秀でたかれらは、自在に馬を馳せた。こうした武器の違いに加えて、戦術にも差があった。太鼓や銅鑼《どら》を用い、鉄砲を炸裂《さくれつ》させ、鬨《とき》をつくるというその鳴音に「日本ノ馬共驚《おどろき》テ進退ナラズ」という状況だった。「責鼓《せめつづみ》」「逃鼓《にげつづみ》」を巧みに用いた大将軍の差配もあり、わが国の武士の多くは「心ヲ迷《まよわ》シ肝ヲツブシ、目眩《くらみ》耳鳴テ、亡然トシテ東西ヲ弁《わきま》ヘズ」とのありさまだった。ここに見える「責鼓」「逃鼓」は兵力を組織的に動かすうえで重要な方法といえ、集団・組織の効率的な戦略がうかがえる（村井章介『北条時宗と蒙古襲来』日本放送出版協会）。

たしかに右の『八幡愚童訓《はちまんぐどうきん》』が指摘するように、日本の戦いでは相互に名乗り合って「高名不覚ハ一人宛《ずつ》ノ勝負」との個人戦を前提としていた。だが、この異国との戦いでは、蒙古軍は「大勢一度ニ寄合テ、足手ノ動処ニ我モ我モト取付テ、押殺シ、虜《いけどり》ケリ」という戦法であった。

こうした彼我の戦法の相違が、文永合戦での水城《みずき》への撤退につながったと思われる。さらにいえば、兵船を用いての戦いも大きな特色だった。弘安合戦での船上の季長の勇姿は、一人彼のものではなかったろう。

たとえば、肥前国住人草野次郎《くさのじろう》が二艘で夜討を敢行《かんこう》し、二一人の首級を獲得したことが見えている。さらに伊予国住人河野通有《みちあり》の場合は兵船二艘で押し寄せたが、蒙古側の矢で郎党五人が手負《ておい》となり、通有自身も石弓《いしゆみ》に右肩を強打されたため、太刀を用いての斬撃《ざんげき》戦となったという。帆柱を橋のように用い蒙古船へと乗移った通有は、大将軍を生捕りとする軍功をはたしたことがみえている。

こうした草野・河野両氏の用意した兵船がともに二艘であったことは、興味深い。わが国の兵船は蒙古の大船からの石弓に対し、小さくて打破られることが多かったとの記述から、多人数が乗船したとは考え難く、個人戦が主軸であったことがわかる。

**在地領主、竹崎季長の「置文」**

ここでは在地領主としての季長の側面にも注目してみよう。在地領主とは、兵農分離以前の武士、別の表現をすれば地域支配者としての社会的なありかたを示す学問用語である。

そもそも季長の本領は竹崎の名字が語るように、肥後の八代《やつしろ》郡豊福《とよぶく》荘竹崎にあった。これまでの研究によると菊池あるいは阿蘇氏の庶流とされている。すでにふれたが、本領を失っていた季長は勲功によりて竹崎の地に近い海東《かいとう》郷（下益城《しもましき》郡小川町）の地頭職を与えられている。

領主としての季長の横顔は、「海頭御社　定置条々事」として子孫に残した置文《おきぶみ》からもある程度うかがうことができる。置文とは守るべき訓戒を伝えたもので、季長は正応六年（一二九三）正月二十三日付で七ヵ条の置文を定めている（のち正和三年〔一三一四〕にこれ

図28　(伝)竹崎季長墓

に加え、一八ヵ条を法喜〔季長の出家名〕の名で定めた〔『熊本県史料』三、所収、前掲『中世社会政治思想』上、所収〕。

ここには地頭として入部した季長により、海東郷の御社（海頭社）の祭田や修理田、さらには出挙《すいこ》米について、子細な規定がなされている。季長は建治二年（一二七六）一月にこの地に入部するが、それ以前は甲佐《こうさ》社領として北条氏が地頭職を有していたといわれている。季長の場合も、以前からの同郷の地頭職の権限を継承したものだろう。

甲佐社は肥後《ひご》一宮《いちのみや》として著名な阿蘇社の末社であった。海東郷の地頭職を得た季長は、甲佐三宮の一つとされる海東社を、海東郷経営の精神的中核としてすえ、氏神化しようとした。

この置文に記されている春祭・節句・若宮などの諸種の祭田の設定をはじめ、灯油田・

修理田などの詳細な指示は、領主としての勧農行為の一環を示すものといえる。おそらく季長入部以前から当地域の精神的拠点として存在していた地域の神社を、より整備・充実させることで、地域支配・農民支配の要《かなめ》としたものだろう。

季長は海東社の近くの墩迫《わなんざこ》に地頭屋敷を置き、領主経営の拠点としたとされる。氏寺の塔福《とうふく》寺はこの付近に建立されたらしい。「置文」に見える海東社内に建立された神宮寺（神仏習合のなかで神社の内部に寺がつくられた）の供僧には、その塔福寺の僧があてられた。在地領主としての季長は、地域支配の実現のために武士団結合の精神的紐帯として、地域神の氏神化をはかった（石井進前掲書参照）。

以上、季長について戦士と領主という二つの側面についてみてきた。以下では季長をはなれて、中世武士の武装の問題についても考えておきたい。

# 戦場のいでたち

## 「其ノ日ノ装束」

『平家物語』や『太平記』などには、武士たちの戦場でのいでたち（「其ノ日ノ装束」）がつぶさに記されている。色とりどりの鮮やかな装束で身を固め、自己を発揚する場ともなった戦場、その場面をわれわれは絵詞《えことば》の世界に入り込みながらながめておこう。

たとえば文永合戦のおり肥後国の菊池武房のいでたちは、次のように記されている。「葦毛《あしげ》なる馬に紫逆沢瀉《むらさきさかおもだか》の鎧《よろい》に紅《くれない》の母衣《ほろ》かけたる」と表現されていた。沢瀉の葉を逆にした形状で、紫の糸で地を構成、威《おど》した鎧という程の意で、母衣とは背後から矢の威力を防ぐために、鎧の背におおった布製のマントをいった。

いささか奇妙な姿だが、騎射戦が主軸であった段階では母衣は不可欠だった。いずれにしてもこの絵詞に描かれている菊池武房のいでたちは、中世武士の武装を考える参考となろう。

右の母衣とともに、興味深いのは兜《かぶと》の問題である。季長自身についていえば、脛当《すねあ》てを兜に代用して戦ったことも見えていたが(7)、その弘安合戦のおり活躍した武士に、伊予国住人河野通有《みちあり》がいた。『八幡愚童訓《はちまんぐどうきん》』には氏神の三島社に祈請し、その灰汁を自ら飲み合戦に臨んだとある。この通有が季長と対面する描写がみえている。

図29　『蒙古襲来絵詞』　河野通有
（宮内庁三の丸尚蔵館蔵）

そこには「月代《さかやき》」（頭髪を前額から頂部にかけそり落とす）姿の通有が確認できる。「月代」の頭髪はこの時期のものとしては珍しいものだ。中世後期に戦場でみられる一般的な頭髪姿で、乱髪に対応したものだった。

「みちあり（道有）かいゐには、合戦落居せざる間はゐぼうし（烏帽子）をき（着）ざるよしこれを申」との絵に付された傍書がみえている。合戦中にあっては烏帽子を着さぬことが通有の家のならわしとされた。たしかに絵巻には月代、乱髪姿の通有の様子がうかがえる。乱髪姿が当時の武士に一般的ではなかったことは、あえて「みちありかいゐ」との詞書からも了解されよう。後にも述べるが、この時期以降戦場での乱髪＝大童《おおわらわ》姿が多くなっていることは事実だった。

通有と同じく月代かどうかは判別し難いが、絵巻に描かれた他の武者姿のなかには、兜の錣《しころ》の内側から髪の垂れた様が確認できる。こうした頭髪姿は髻《もとどり》を解き、その上に鉢巻きをして兜をかぶったことを示唆するといえよう。

## 大童になること

それでは髻を解いた、いわゆるザンバラ髪（大童髪）が、戦場のいでたちとして一般化したのはどんな理由があったのか。たとえば『日葡《にっぽ》辞書』によると（Vouarawa〈ヲウワラワ〉と記し、結び目がほどけた髪と説明している。童の頭髪が一般に乱髪であったことから、戦場で髪をふり乱し戦うことを大童姿といった。「能登殿は……鎧の草摺《くさずり》かなぐりすて、胴ばかりきて、おほ（大）童になり」と記する、『平家物語』（巻一一）をはじめ、大童姿の描写は軍記作品の随所に散見する。激戦・奮戦の模様を伝える形容としてもこの語は用いられ、後世には尋常でない状況（あわてふためく）の意とされた。

「重盛逆木のうへにはねをとされ、甲もおちて大わらは《（童）》になり給」（『平治物語』）、「源太は兜を打ち落とされ、大童にて三十余騎に取籠められて……」（『源平盛衰記』巻三七）との表現からわかるように、大童の頭髪は戦場での臨場感を演出する描写として多用された。

大童姿となることが兜が落ちたり、打ち落とされた結果だったことは留意されてよい。と同時に、劣勢の危機にさいしての姿であったことも確認できるはずだ。

このことは大童の頭髪が戦闘当初からのものではなく、激戦で兜が太刀や弓矢の衝撃で飛ばされ、髻が切れた様子を語っている。

源平の戦いを含めた中世前期の合戦にあっては、兜の下での頭髪は後の時代のような乱髪（大童）ではなかった。髪を結い上げ、烏帽子の上から兜を着すことが一般的だった。このことは軍記作品を題材にした当時の絵巻からも確かめることができる。

『蒙古襲来絵詞《えことば》』に見る河野通有の月代・乱髪という描写は、中世後期以後に一般化する姿を示していよう。通有自身が語るようにそれが家風であるとの詞書には、特例・例外的頭髪との認識があったことを意味した。そもそも「大童」とは、大人の童の意であり、それは成人した後も童髪《わらわがみ》＝乱髪姿の者をいった。

一般に成人の男子は、頭髪を結い上げ髻（元鳥）姿に烏帽子を着し、これを儀礼とした。烏帽子親とは、成人した者の後見人を意味した。その意味では「大童」姿は身体的シンボリックな作用も含意されており、「非人」であることの象徴だった。それは単純に身分上での問題を離れ、冥界《めいかい》・異界での姿を象徴していた。

たとえば『平家物語』には、俊寛《しゆんかん》の配流された鬼界島《きかいがしま》の男女の姿を「男は烏帽子もせず、女は髪もさげざりけり」（巻二）と記されており、異域観念の象徴化された表現だった。したがって成人後の男子にあって、髻を結い上げず烏帽子を着さぬ姿は、当然非儀・非礼とされた。『大鏡』にも「三所《みつどころ》ながら、御もとどりはなちておはしましけるは、いとこそみぐるしけれ」（第四「道隆」）とあるのはこれを語っている。

逸話ながら、おもしろい話が『吾妻鏡《あずまかがみ》』に載せられている。平将門《たいらのまさかど》とこれを追討した藤原秀郷《ふじわらのひでさと》の対面の様子を記したものだ。そこには、秀郷の来訪を喜ぶあまり、髪を梳《くしけず》ることをせず、乱髪姿のまま烏帽子も着さず対面した将門を「軽骨」の者として、その誅《ちゆう》殺《さつ》を決意した秀郷の心中が語られている（『吾妻鏡』治承四年九月十九日）。

説話に類するこの話の真偽は別としても、当時の人々の意識を、そこから汲み上げることはできるはずだ。右の話は詰まるところ、対人儀礼を無視した将門の行動が、秀郷にとって信義の尺度を超えたものであった、という点にある。

## 兜の形状の変化

問題はこの大童姿の頭髪が戦場において、中世後期以降一般化するのはなぜかということである。死ととなり合う戦場にあって、冥界への移行を自己に果たそうとする意識もあったのかもしれない。戦勝の祈願とともに神への加護を期待するなかで、聖性を帯びた童の頭髪姿が意味をもちえたのかもしれない。そのあたりの解釈はいろいろと考えられるようだ。が、こうした大童姿の意味論とは別に、兜の形状という武装の問題から頭髪の変化の事情を考えることもできる。

兜の頭頂部の穴を天辺穴《てへんあな》といった。中世前期までのいでたちでは、髻に烏帽子を着し、その上に兜を着した。その際、この天辺穴から髻をくるめ烏帽子の先端を出し、兜を頭上で安定させた。したがって古い形状（平安後期〜鎌倉初期）のものは、直径五チセンもの大きさの天辺穴の兜も少なくなかった。

天辺の穴については「つねにしころ(錣)をかたぶけよ。いたうかたむけて(仰)手へんい(射)たすな」（『平家物語』巻四）とか、「いたく伏して頂辺射らすな、射向《いむけ》の袖をさしかざせよ」（『源平盛衰記』巻三五）などの描写が語るように、天辺穴から弓を射こまれる危険も大きかった。

後世神宿《かんやどり》あるいは八幡座などとよばれ、霊威の象徴とみなされた。天辺とその周辺部は、もっとも危険な場所であり、それゆえに武神八幡が宿り降臨する所として意識されたのだろう。

この髻を出す穴は、時代とともに縮小する。予想されるように、天辺穴の縮小化は大童＝乱髪姿の登場に対応するものであった。中世後期の兜の天辺はもはや、その安定化のためというよりは、ムレの防止程度であり、指の挿入さえ難しいほどに小さくなる。

表5を参照していただければ、その概要がわかるはずである。頭部を保護した武装具としての兜は、鉢と錣《しころ》（錏・鞆とも書き、頸《くび》の後方を守るためのもの）で構成される。中世後期になると、この天辺の穴の縮小と大童の乱髪姿にともない、鉢を安定するために以前に比べ深さが増す。

中世前期までの髻・烏帽子姿の場合、頂部が頭髪で保護されていたが、乱髪で月代といった場合、深くなった鉢の内部に「受張り」を設け衝撃を緩和する措置が講ぜられるにいたった。『蒙古襲来絵詞』に登場する河野通有の頭髪の姿から、当時の防御具としての兜の形状についても、ある程度の推測が可能となるはずだ。

兜着装下の大童の頭髪と兜自体の形状変化は、相互の関連をもつものといえる。むろん

表5　兜形状の変遷

| 時代 | 兜形式 | 所蔵(甲冑名) | 矧板枚数 | 鉢の径 前後 (cm) | 鉢の径 左右 (cm) | 天辺の径(cm) | 鉢の深さ(cm) | 重量(kg) |
|---|---|---|---|---|---|---|---|---|
| 平安 | 十五枚張星兜鉢 | 唐沢山神社 | 一五 | 一九・八 | 一八・〇 | 五・〇 | 八・七 | 未測 |
| | 十二間片白星兜 | 御嶽神社(赤糸威大鎧) | 一四 | 一九・五 | 一七・五 | 五・二 | 九・〇 | 三・九五 |
| 鎌倉 | 二十八間二方白星兜 | 御嶽神社(紫裾濃威大鎧) | 三〇 | 二一・〇 | 二〇・〇 | 三・〇 | 九・二 | 四・五五 |
| | 三十六間四方白星兜 | 細川家伝来(白糸妻取威鎧) | 四四 | 二一・八 | 二〇・四 | 二・九 | 九・七 | 五・一〇 |
| 南北・室町 | 二十八間四方白星兜 | 櫛引八幡宮(白糸妻取威鎧) | 三八 | 二二・五 | 二〇・五 | 二・六 | 一一・五 | 未測 |
| | 三十四間二方白星兜 | 防府天満宮(浅葱糸妻取鎧) | 三八 | 二一・二 | 一九・三 | 二・四 | 一一・〇 | 四・〇〇 |

注　山岸素夫『日本甲冑論集』(つくばね舎)より。

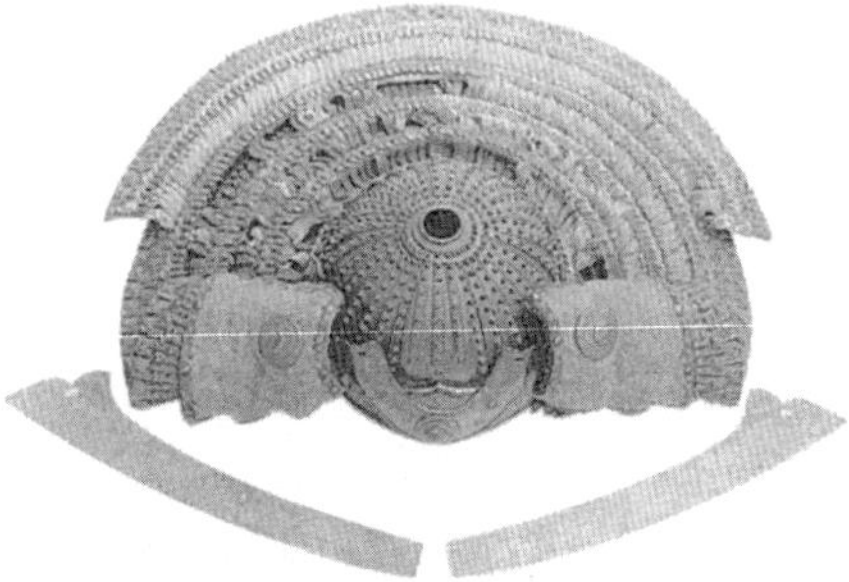

図30　兜　天辺穴がみえる（鈴木真弓氏蔵）

図31　鎌倉時代の大鎧（御嶽神社蔵）

烏帽子をかぶらず乱髪・大童で兜を着すことが一般化するのは、室町期に入ってからだとしても、その端緒は蒙古襲来前後の段階と考えられる。

『義貞記』には「鎧着用次第」として「一番浴衣、二番小袖、三番大口、四番髪乱、五番鉢巻、……十八番弓」とみえ、さらに一条兼良《かねら》の作ともされる、異類の擬軍記物語『鴉《あ》鷺《ろ》物語』にも甲冑を着する手順を描写する場面で、「四番髪を乱し」云々の表現があり、戦陣での乱髪形式が一般化しつつある事情が確認できる。

以上、『蒙古襲来絵詞』を題材にここから汲み上げられる論点について、武士論に限定して考えてきた。次の課題はこうした中世の武士像が、その後どのように受容されていったのか。別のいい方をすれば、近代における中世の認識のされ方である。ふたたび最後はチャンネルを近代にもどすこととしよう。

# 邂逅する中世

再生する歴史と封印される歴史

# 鎌倉から考える

鎌倉は武家の故郷といっていい。十二世紀末、源頼朝はここに開府した。本章の課題はこの鎌倉の地にかかわる武士像について考えたい。これは近代の国家にとって、中世とは、武士とは何かを問ううえでの手がかりとなろう。これまで史実のうえでの蒙古襲来を論じてきたが、中世のこの出来事については、わずかながら鎌倉にも足跡が残されている。

## 中世に出会う場

地域としての鎌倉が自己を主張したのは、むろん中世の時代だった。近代の国家はこの東国の首都にみがきをかけ、中世を発見する場を提供した。その場合、見出される史跡の数々は、郷土愛なり国家愛と付着していることも否めなかった。

明治の政府が主導した「戊申詔書《ぼしんしょうしょ》」(明治四十一年〔一九〇八〕、第二次桂内閣のときに出された国家や郷土に対する敬愛の念を育てる国民教化のための詔書)は、地域としての郷土の見直しであり、国家と地域の新たな関係の創出を意味していた。以前にもふれた歴史の復興再生の運動は、これに寄与すること大なるものがあった。

国定教科書の登場も間接的ながら交わりもある。たとえば、北条時宗《ときむね》についての教科書での記述である。明治天皇が時宗の英断を賞し、従一位に贈位したとの内容だ。北鎌倉の円覚寺はこの時宗の開基だが、多くの読者がご存知のように山門を入るとこの時宗の「贈従一位」の碑柱が立っている。「贈従一位北条時宗公御廟址」と。

中世がふたたび人々の記憶に蘇《よみがえ》る場、鎌倉にはこの時宗に代表されるような碑文が随所にある。以下では、中世に出会うための場のいくつかを鎌倉から考えてみよう。

## 鎌倉青年会の碑

鎌倉を訪れた方の多くは図32・33のような碑文を目にするはずだ。史蹟保存のための碑《いしぶみ》であり、その数八十余ヵ所にものぼるという(稲葉一彦『『鎌倉の碑』めぐり』表現社)。大正六年以降、昭和十年代にわたる碑群の数々がある。いわば鎌倉における近代の産物であり、いまやこれ自体が文化財としての資産目録にあげられる。この鎌倉での有志による建碑運動の背景には、はやく「古社寺保存法」(明治

図32　円覚寺山門の碑

図33　鎌倉青年会の碑
「大蔵幕府旧蹟」

三十年）、さらには明治四十四年（一九一一）いらいの天然記念物保護運動の影響もあった。

欧米とくにドイツの文化財についての保存運動の流れは日本でも広がり、歴史家の黒板勝美（一八七四―一九四六年）らの尽力もあり、大正八年に「史蹟名勝天然紀念物保存法」として成立した。戦後の文化財保護法の前身とすべき法律で、中世都市鎌倉における歴史意識の高揚に一役も二役もかったことになる。

鎌倉の建碑運動の主体者は「青年会」「同人会」と時に応じて名称は異なるが、史蹟保存の志の高さを、今日に伝えている。伝承・伝説の地も含め、関係史蹟の地には必ず碑が建てられている。名所旧跡のなかには、寺社跡・有力武将の邸宅跡・古戦場・川橋・切《きり》通《とおし》・城跡等々、中世の鎌倉が関係した主要な史跡が顔をそろえている。

建碑されたものの年次内訳をみると、概して大正六年以降の一〇年間に集中しているものの、昭和十六年にいたるまで年次に極端なバラつきはない（なお、戦後になっても「鎌倉友青会」による建碑が若干あるが、ここでは除く）。

建碑主体は大きく大正六〜十年までの「鎌倉町青年会」と、それ以後の「青年団」に分けられる。数例だがこれ以外に「鎌倉同人会」の碑文もある。あえていえば、「青年会」時代のものに著名な史蹟の碑が多いようだ。

大正期の「青年会」の活動碑文一六例の内容を参考までに挙げておくと、大蔵幕府・問《もん》注所《ちゅうじょ》・勝長寿院《しょうちょうじゅいん》・日野俊基《ひのとしもと》・稲村ヶ崎渡海地の各旧跡（大正六年）、段葛《だんかずら》・若宮大路幕府・北条執権《しっけん》邸・東勝寺・二十五坊跡の各旧跡（大正七年）、永福寺《ようふくじ》・足利公方旧邸・阿《あ》仏《ぶつ》邸の各旧跡（大正九年）、青砥藤綱《あおとふじつな》・太田道灌《どうかん》・宇都宮辻子《うつのみやずし》幕府の各旧跡（大正十年）、という内訳となる。

要諦《ようてい》を心得た簡潔な文章の中身を云々するつもりはない。石碑建立の労苦を多としつつも、これが近代という時代の仕掛けた歴史復興・再生のための大きな潮流を象徴したことは疑いない。

近代の鎌倉が史蹟の顕彰のために選択したもののなかには、『太平記』を典拠としたものが実に多い。南朝主義への傾きをもつ軍記作品であり、史蹟点描での色合いにそれが反映していることは否定できない。

このことは建設碑運動の初発をかざる大正六年の碑文五例のうち、日野俊基の墓所と新《にっ》田《た》義貞《よしさだ》の稲村ヶ崎の二例が『太平記』世界のそれであったことからも理解できる。

図34　『太平記』（吉川本，吉川史料館〔岩国市〕蔵）

中世武士像の雛型《ひながた》はどこに求められたか。こんな問いについて以前考えたことがある。日本人の歴史

## 中世の再生と『太平記』

観や英雄観には『平家物語』や『太平記』によったものが多い。中世末・近世の芸能の代表である謡曲・浄瑠璃・歌舞伎などの題材は、平曲《へいきょく》的世界が圧倒的だった（拙著『蘇る中世の英雄たち』中公新書）。

だが、江戸末以降近代になると、いささか事情が異なるようでもある。『太平記』に流れる忠君的な場面が、大いに受容される傾向にあった。近代の思想的胎動は、江戸時代の後半にはじまっていた。武士の忠節を流麗な筆致で描いた頼山陽《らいさんよう》の『日本外史《にほんがいし》』はその最たるもので、明治以後も教科書として活用された。

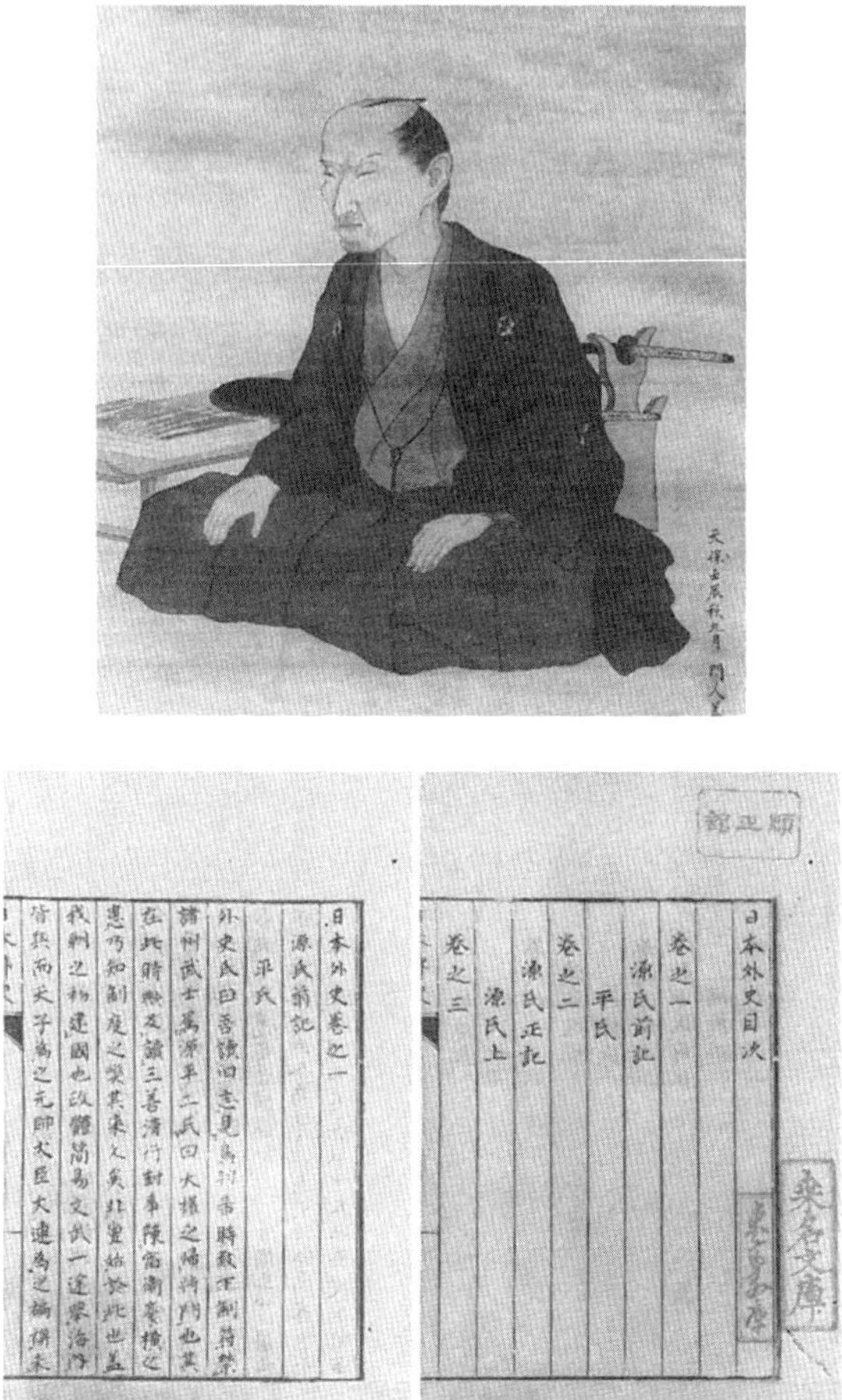


図35　頼山陽像と『日本外史』(稿本，桑名市博物館蔵)

『太平記』に描写された数々の武士像は、天皇への忠節や忠義に彩られており、「国民」創出のうえに大いなる材料となった。しかし明治期前半までは、開国和親にともなう文明開化の余熱のなかにあった。啓蒙主義の流れのなかで、実証主義を標榜する新生の歴史学が産声をあげつつあった。この運動の中心的存在が、内閣修史局グループ（重野安繹《しげのやすつぐ》・久《く》米邦武《めくにたけ》・星野恒《ひさし》など）だった。

史料の信頼性を重視した彼らは、民衆への啓蒙活動を通じ、『太平記』の虚構性をさかんに批判した。児島高徳《こじまたかのり》の実在を疑い、『太平記』の無益を説いた。「抹殺博士」との異名をとった重野たちの『太平記』記事への批判は、学問レベルでのみ命脈を保ちえたものの、広く浸透するにはいたらなかった。このことは、明治後半以降の国家主義の台頭のなかで、これに見合う別の潮流を生み出すことになった。明治二十五年の久米邦武の筆禍事件はそのことを象徴的に物語っていた。（このあたりの学問事情については前掲『ミカドの国の歴史学』を参照）。

明治四十年代におきた南北朝正閏《せいじゅん》論争は、明治前半までの『太平記』への批判運動の反動でもあった。「戊申詔書」の流れを底に持ちつつ、史蹟名勝保存への運動の活況も手伝い、歴史の再生にむけて『太平記』的中世が受け入れられていった。

# 近代に接木された「中世」

以下では、鎌倉にみられる碑文のいくつかを紹介しながら、中世と近代の相互の関係を考える材料としよう。まずは日野俊基《ひのとしもと》である。正中《しょうちゅう》・元弘の変に関与し、鎌倉に送られ葛原岡《くずはらがおか》で斬られたこの人物を『太平記』は悲哀の筆致でつづっている。南朝の忠臣として、明治十七年、従三位《じゅさんみ》に叙されている（『贈位諸賢伝』）。

## 日野俊基と葛原岡神社

現在の源氏山公園の一画である葛原岡神社は、その三年後の創建であり俊基が祀られている。ちょうどこの時期は史学協会が丸山作楽《まるやまさくら》・黒川真頼《くろかわまより》・栗田寛《くりたひろし》らによって組織された段階だった。幕末の平田派国学や水戸学の流れをくむ復古的歴史観も隆盛であった。前述した重野らの反『太平記』派とは対極に位置する立場だった。歴史観をめぐる両者の対立は、その後重野安繹や久米邦武の敗北として結果した。

日野俊基の贈位や葛原岡神社の創建が、そうした状況下での決定だとすればいろいろと興味もわく。『太平記』派の勝利のゆくえを象徴するものが、鎌倉町青年会による大正六年の碑文でもあった。

俊基朝臣墓所

藤原俊基朝臣ノ朝権ノ恢復ヲ図リテ成ラズ　元弘二年六月三日　北条高時ノ害ニ遭ヒ秋を待たで葛原岡に消ゆる身の露の恨や世に残るらん　ト永キ恨ヲ留メタルハ此ノ処ナリ

大正六年三月建之　　鎌倉町青年会

われわれは近代の碑文の文化財とならび、そこに俊基を葬ったとされる国指定の宝篋《ほうきょう》印塔《いんとう》も確認できるはずである。この宝篋印塔が当初よりここに置かれたものか否かは議論もあり、そのことが俊基との関係に嫌疑をもたらしているようでもある。が、ここではその詮索はしない。いずれにしても葛原岡には、近代と中世との邂逅《かいこう》があった。

図36　日野俊基の墓所碑と宝篋印塔

### 新田義貞と稲村ヶ崎

「七里ヶ浜の磯伝い、稲村ヶ崎名将の剣《つるぎ》投ぜし古戦場……」(『尋常小学読本』明治四十三)と、文部省唱歌に登場する稲村ヶ崎。ここも近代が浮上させた鎌倉の名所だった。むろん『大日本史』をはじめ江戸時代の地誌(たとえば『新編相模国風土記稿』)にも登場する。

南朝の武将新田義貞の忠節は、学校教育の場で反復された。歴史はもとより、国語・修身、さらに音楽までもがその題材に中世を選んだ。なにしろ義貞は後にもふれるが王政復古を標榜した明治国家が、歴史上の人物として最初に贈位した武人だった。『贈位諸賢伝』(田尻佐著、近藤出版社)によると正三位が与えられている。

明治九年、この制度がスタートした時点での栄誉ある第一号だった。第一号といえば、お札の肖像もそうだった。すでにふれたが神功皇后《じんぐうこうごう》とともに新田義貞・児島高徳《こじまたかのり》といった南朝忠臣グループは、新政府の御用達《ごようたし》の人物たちだった。明治六年(一八七三)の国立銀行券(二円券)の表を飾ったのは、義貞の稲村ヶ崎での竜神奉刀の場面だった。

義貞馬ヨリ下給《おりたまい》テ、甲《かぶと》ヲ脱《ぬい》デ海上ヲ遙々ト拝ミ、竜神ニ向《むかい》テ祈誓シ給《たまい》ケル。……至信ニ祈念シ、自ラ佩給《はきたま》ヘル金作ノ太刀《たち》ヲ抜《ぬき》テ、海中ヘ投給《なげたまい》ケリ。真《まこと》ニ竜神納受《おさめうけ》ヤシ給《たまい》ケン、其《その》夜ノ月ノ人方ニ、前々更ニ干《ひ》ル事モ無《なか》リケル稲村崎、俄《にわか》ニ二十余町干上《ひあがり》テ、平沙渺々《びょうびょう》タリ……。（巻一〇「稲村崎成干潟事」）

と見えているのがそれだ。

あまりにも著名な場面だが、『太平記』作者はこの場面につづけて佳例として神功皇后の干珠伝説を登場させ、義貞をして竜神奉刀の先例として説明する。このあたりは、中世においての神功皇后伝説の流布度を考えるうえで参考となる。

さて、その稲村ヶ崎にも例の碑を確認できる。

稲村崎

今ヲ距《へだた》ル五百八十四年昔、元弘三年五月二十二日、新田義貞此《この》岬ヲ廻リテ鎌倉ニ通入セントシ　金装ノ刀ヲ海ニ投ジテ　潮ヲ退ケンコトヲ海神ニ禱《いの》レリト言フハ此ノ処ナリ

大正六年三月建之《これをたつ》　　鎌倉町青年会

たしかに、ここには『太平記』を土台とした文言を認めることができる。

図37　七里浜から稲村崎を望む　上は稲村崎の碑

同じく鎌倉初期の建碑運動に属するものをもう一つ紹介しよう。東勝寺旧跡碑（大正七年）である。『太平記』（巻一〇）が活写する北条高時以下一族の最期の舞台だ。

**負けない敗れ方、腹切りやぐらの思想**

南朝忠臣ではないが、これまた近代の日本の好んだ〝いさぎよさ〟の代名詞であった。総勢八百七十余人の自刃は『太平記』のなかでも圧巻であり、古来これぞ中世武士の主従観を語る象徴とされてきた。「腹切りやぐら」として知られる供養塔は、この東勝寺の脇の奥まった山膚に位置する。

東勝寺旧跡

元弘三年五月　新田義貞　鎌倉ニ乱入スルヤ　高時　小町ノ邸ヲ後ニ　父祖累世ノ墓所東勝寺ニ籠リ　百五十年来殷賑ヲ極メシ府下邸集肆廛《してん》ノ　今ヤ一面ニ焔煙ノ漲ル所トナルヲ望見シツヽ　一族門葉八百七十余人ト共ニ自刃ス　其ノ北条執権終局ノ惨澹タル一齣ハ　実ニ此ノ地ニ於テ演ゼラレタルナリ

大正七年三月建之　鎌倉町青年会

北条一族終焉《しゅうえん》の地であり、主君に殉ずる武士の壮絶な姿を語るものだった。この場面はまた、忠君とともに、近代の専売だった愛国思想と結びつきやすかった。

図38　東勝寺旧跡碑と「腹切りやぐら」

「生きて虜囚《りょしゅう》の辱めを受けず、死して罪禍の汚名を残すこと勿《なか》れ」との「戦陣訓」の世界には、その底流に『太平記』的な中世武士のいくさぶりが投影されていた。そこに共通するものは、負けない敗れ方とでも表現すべきものだった。自らの意志で命を絶つこと、敵に遭遇し敗北の前に自らの手で、自己の運命を決定する（千葉徳爾『たたかいの原像』平凡社）。

自決・自刃のアンソロジーが教えるものを、武士道という形で近代の国家は教育を通じ普遍化した。『太平記』が語る北条一族の最期は、戦前の玉砕思想の保証ともなった。近代が共有した中世のもう一つの局面だった。

以上、鎌倉の地に残された歴史の碑を材料に、中世と近代をつなぐ痕跡について考えてきた。近代の国家が顕彰した人々は、たしかに南朝の忠臣たちが少なくなかった。が、これだけではむろんない。

最後に解釈のされかたという点から、近代は過去とどのように向き合ったのだろうか。このあたりの事情を〝贈位された人々〟をテーマに整理しておこう。

# 蘇る忠臣たち

〝歴史再生運動〞ともいうべき構想があった。これを具体的に示すのが近代が過去に与えたお墨付き、すなわち、歴史に活躍した人物への贈位である。何を基準にしたかは明らかだった。国家と皇室への忠誠がそれである。

## 近代国家の紳士録

何度かふれたが、これを調べるにあたり、たいへん便利な『贈位諸賢伝』（田尻佐著、近藤出版社）という辞典がある。昭和二年（一九二七）の出版で、その後改訂増補され、昭和十九年までの史上の人物たちの贈位と業績が収められている。ここに載せられている人物は二千数百名におよんでおり、近代が選んだ歴史のなかの〝紳士録〞とよべそうな人名辞典である。

いうまでもなく、位階とは王権（天皇）との政治的距離を示している。われわれにとって興味深いのは、その治績を勲功度にもとづいて五位から一位（五位以上を広く「通貴」とよび律令の規定では貴族に含めた）までにふりわけられているという点である。その限りでは、史実のうえではなんらの位階を持たない人物でも、近代はこれを顕彰するために贈位の対象とした。

文永・弘安の両合戦についていえば、贈位の対象となった人物に、北条時宗（明治三十七年、従一位）・少弐《しように》資能《すけよし》（大正四年、従三位）・竹崎季長《すえなが》（大正四年、従三位）・河野通有《みちあり》（大正五年、正五位）、といった人物たちも顔をそろえている。蒙古襲来にさいし活躍したかれらを、近代にいたり国家がこれを贈位することで、蘇えらせたということもできる。以下での話は、この『贈位諸賢伝』からの分析結果を語ることで、近代は中世とどう向き合ったのかを考えたい。

## 『贈位諸賢伝』の読み方

『贈位諸賢伝』から得られた贈位者の数と贈位された時期にどのような対応関係があるかを見てみよう。明治期の贈位者は全体の五割弱にあたる一〇八八名。大正・昭和前期の贈位者が一三一五名ということになっている。

前者の明治期では十六年（一三名）がめだつものの、多くは後期に集中する。明治二十四年（一九〇名）、三十一年（二三五名）、三十五年（一六八名）、そして明治末四十〜四十四年（二九八名）がめだっている。

贈位者の年次別の推移でいえば、明治も三十年代に激増する傾向があるが、ここで注目されるのはその傾向が、大正〜昭和初期に著しいことである。たとえば大正四年（三七七名）、七年（一三〇名）、十三年（二三九名）、そして昭和三年（一六七名）といったところがめだつ。

数のうえからは、はるかに明治期を圧倒している。大正デモクラシーとよばれる風潮の裏の顔を確認できる。むろんそこには特定の国家的記念行事にともなう贈位者の増大という点はあるにしても、およその傾向は推測できる。

以上表6から確認できることは、明治末から大正期が贈位者数においてピークであり、ここに一つの歴史認識の転換を読み解くことができる。奇《く》しくもこの時期は前述したように史蹟保存の運動が広がりを示しはじめた段階だった。鎌倉における建碑運動はそうした流れのなかにあった。加えて、その時期は国定教科書の段階にも対応していた。歴史の掘りおこし運動が官民一体となってなされた段階といえる。

それでは次に、贈位された人物はどの時代に多く、贈位の理由についてはどうであるかを考えてみよう。『諸賢伝』の対象者の過半が幕末維新の功労者たちであるのは、この制度の目的からすれば当然といえる。ただし残りの人物たちの多くは、中世が圧倒していることは注目されよう。

同じく表6を参照してほしい。これは古代・中世関係の人物を『諸賢伝』からぬき出し、年次別に整理をほどこしたものである。たしかに、その多くは、南朝忠臣であった。これにつづいて「元寇」関係者、そして承久の乱での上皇側の人物と、選定対象の尺度ははっきりとしている。

## 蘇る忠臣たち

表6の掲載人物では、南朝関係者の他は太安万侶《おおのやすまろ》・和気清麿《わけのきよまろ》・紀貫之《きのつらゆき》などの文人たちが、贈位対象者としてみえるものの、中世の武人が群をぬいている。いずれにしても南朝忠臣たちの蘇りぶりは、眼をみはるものがある。

大正期前後が歴史再生運動ともいうべき時期であったことは、前にもふれた。表6のなかの蘇った忠臣たちの贈位年次を見ると、これにほぼ対応している。近代国家は明らかに〝皇国〟へとシフトしていった。このことは同じく南朝関係者の数字を明治末・大正以前のそれと比べてみても、一目瞭然だろう。

表6 古代・中世贈位者一覧（※印は再贈位者）

| 年 | 氏名 | 位 | 時代 |
|---|---|---|---|
| 明治九 | ※楠木正行 | 従三 | 南北朝 |
| | ※新田義貞 | 正三 | 〃 |
| 一三 | 楠木正成 | 正一 | 〃 |
| 一五 | ※新田義貞 | 正一 | 〃 |
| 一六 | ※藤原秀郷 | 正三 | 平安（将門追討） |
| | 脇屋義助 | 従三 | 南北朝 |
| | ※菊池武時 | 従三 | 〃 |
| | ※児島範長 | 従四 | 〃 |
| | ※児島高徳 | 正四 | 〃 |
| | ※桜山茲俊 | 従四 | 〃 |
| | ※結城宗広 | 正四 | 〃 |
| | ※結城親光 | 従四 | 〃 |
| | ※名和長年 | 従三 | 〃 |
| 一七 | 土居通増 | 正四 | 〃 |
| | 得能通綱 | 正四 | 〃 |
| | 藤原資朝 | 従二 | 〃 |
| | 藤原俊基 | 従三 | 〃 |
| 二四 | ※足助重範 | 正四 | 〃 |
| 二九 | 宗助国 | 従三 | 元寇 |
| | ※平景隆 | 正四 | 元寇 |
| | 南部師行 | 正五 | 南北朝 |
| 三〇 | ※楠木正行 | 従二 | 〃 |
| 三一 | 和気清磨 | 正一 | 奈良・平安 |
| 三五 | ※菊池武時 | 従一 | 南北朝 |
| | 菊池武重 | 従三 | 〃 |
| | 菊池武光 | 従三 | 〃 |
| 三六 | ※児島範長 | 正四 | 〃 |
| | ※児島高徳 | 従三 | 南北朝 |
| | ※桜山茲俊 | 正四 | 〃 |
| 三七 | 紀貫之 | 従二 | 平安（古今集） |
| | 北条時宗 | 従一 | 元寇 |
| 三八 | 土岐頼兼 | 正四 | 南北朝 |
| | ※結城宗広 | 正三 | 〃 |
| | ※結城親光 | 正四 | 〃 |
| | 多治見国長 | 正四 | 〃 |
| 四〇 | 下島政泰 | 正四 | 〃 |
| | 関宗祐 | 正四 | 〃 |
| | 関宗政 | 従四 | 〃 |

| 年 | 氏名 | 位 | 時代 |
|---|---|---|---|
| | 那珂通辰 | 正四 | 南北朝 |
| | 島津久経 | 正三 | 元寇 |
| 四一 | 北畠親房 | 正一 | 南北朝 |
| | 南部政長 | 正五 | 〃 |
| | 村上義光 | 従三 | 〃 |
| 四二 | 新田義顕 | 従三 | 〃 |
| | 新田義興 | 従三 | 〃 |
| | 新田義宗 | 従三 | 〃 |
| 四四 | 阿蘇惟直 | 正四 | 〃 |
| | 阿蘇惟澄 | 正四 | 〃 |
| | 宇都宮隆房 | 従四 | 〃 |
| | 菊池武政 | 従三 | 〃 |
| | 菊池武朝 | 従三 | 〃 |
| | 太安万侶 | 従三 | 奈良（日本書紀） |
| 大正元 | 肝付兼重 | 従四 | 南北朝 |
| | 松浦定 | 従三 | 〃 |
| 大正二 | 山田重忠 | 正五 | 承久 |
| | 千秋親昌 | 正四 | 南北朝 |
| 三 | 楠木正季 | 正三 | 〃 |
| | 楠木正時 | 正四 | 〃 |

| 年 | 氏名 | 位 | 時代 |
|---|---|---|---|
| | 和田正遠 | 正四 | 南北朝 |
| 四 | 大蔵種材 | 従四 | 平安（刀伊入寇） |
| | 有元佐弘 | 正四 | 南北朝 |
| | 有元佐光 | 正四 | 〃 |
| | 有元佐吉 | 正五 | 〃 |
| | 阿蘇惟武 | 従三 | 〃 |
| | 阿蘇惟成 | 従四 | 〃 |
| | 相知蓮資 | 従四 | 〃 |
| | 大館宗氏 | 従四 | 〃 |
| | 大館氏明 | 正四 | 〃 |
| | 片岡利一 | 正五 | 〃 |
| | 金谷経氏 | 正四 | 〃 |
| | 香坂高宗 | 従四 | 〃 |
| | 北畠具行 | 正二 | 〃 |
| | 菊池武敏 | 従三 | 〃 |
| | 忽那義範 | 従四 | 〃 |
| | 楠木正家 | 正四 | 〃 |
| | 楠木正勝 | 正四 | 〃 |
| | 楠木正元 | 従四 | 〃 |
| | 気比氏治 | 正四 | 〃 |

| | | | |
|---|---|---|---|
| | 気比斉時 | 従四 | 南北朝 |
| | 勅使河原直重 | 従四 | 〃 |
| | 名和長重 | 正四 | 〃 |
| 大正四 | 南部信政 | 従四 | 南北朝 |
| | 日野邦光 | 正三 | 〃 |
| | 富士名義綱 | 正四 | 〃 |
| | 村上義隆 | 従四 | 〃 |
| | 村山隆義 | 正五 | 〃 |
| | 村山信義 | 正五 | 〃 |
| | 脇屋義治 | 従四 | 〃 |
| | 小山秀朝 | 正五 | 〃 |
| | 村山義盛 | 正五 | 〃 |
| | 少弐資能 | 従三 | 元寇 |
| | 少弐景資 | 正四 | 〃 |
| | 竹崎季長 | 従三 | 〃 |
| | 菊池武房 | 従三 | 〃 |
| | 仁科盛遠 | 従四 | 承久 |
| | 藤原保則 | 従三 | 平安（奥州合戦） |
| | 源頼家 | 正三 | 〃 |
| | 源義家 | 正三 | 〃 |

| | | | |
|---|---|---|---|
| | 北条実時 | 正五 | 鎌倉（学問） |
| 五 | 土居通重 | 正五 | 南北朝 |
| | 村山義信 | 従四 | 〃 |
| | 河野通有 | 正五 | 元寇 |
| | 斉藤資定 | 正五 | 〃 |
| | 少弐経資 | 正四 | 〃 |
| | 河野通信 | 従五 | 承久 |
| | 長谷部信連 | 従五 | 源平 |
| 六 | 吉永院宗信 | 正五 | 南北朝 |
| | 竹原八郎 | 従四 | 〃 |
| | 鏡久綱 | 正五 | 承久 |
| | 宮崎定範 | 正五 | 〃 |
| 七 | ※藤原秀郷 | 正二 | 平安（将門追討） |
| | 南部光行 | 従三 | 奥州 |
| | 南部政持 | 正四 | 南北朝 |
| | 南部信光 | 従三 | 〃 |
| | 春日部重行 | 従四 | 〃 |
| | 小山朝政 | 正四 | 承久 |
| 八 | 宇佐輔景 | 従四 | 南北朝 |
| | 植月重佐 | 正五 | 〃 |

| 年 | 氏名 | 位 | 時代 |
|---|---|---|---|
| | 大高阪王丸 | 従四 | 南北朝 |
| | 恩地左近 | 従四 | 〃 |
| | 千種忠親 | 従二 | 〃 |
| | 村上義弘 | 正五 | 〃 |
| | 和田正武 | 正四 | 〃 |
| | 和田賢秀 | 従四 | 〃 |
| | 和田正朝 | 従四 | 〃 |
| 一三 | 大井田経隆 | 正四 | 〃 |
| | 大井田氏経 | 従四 | 〃 |
| | 大江景繁 | 正五 | 〃 |
| | 菊池覚勝 | 正三 | 〃 |
| | 菊池武吉 | 従三 | 〃 |
| | 菊池武澄 | 従三 | 〃 |
| | 福光佐長 | 正五 | 〃 |
| 大正一三 | 大友頼泰 | 正四 | 元寇 |
| | 大友貞親 | 正四 | 〃 |
| | 大矢野種村 | 従四 | 〃 |
| | 佐々木経高 | 従四 | 承久 |
| 昭和三 | 石川義純 | 従四 | 南北朝 |
| | 菊池武安 | 従三 | 〃 |

| 年 | 氏名 | 位 | 時代 |
|---|---|---|---|
| | 里見時成 | 従四 | 南北朝 |
| | 錦織信政 | 従四 | 〃 |
| | 藤原行房 | 従二 | 〃 |
| | 藤原家賢 | 正五 | 承久 |
| | 藤原範茂 | 正三 | 〃 |
| | 藤原光親 | 従一 | 〃 |
| | 藤原宗行 | 従二 | 〃 |
| | 源有政 | 従一 | 〃 |
| | 山鹿秀遠 | 従四 | 平安(源平) |
| 六 | 入来院重高 | 正五 | 南北朝 |
| | 平成輔 | 従二 | 〃 |
| | ※平景隆 | 従三 | 元寇 |
| | 草野緑永 | 従四 | 〃 |
| | 白石通泰 | 従四 | 〃 |
| 八 | ※足助重範 | 従三 | 南北朝 |
| 一〇 | ※名和長年 | 従一 | 〃 |
| | (助法眼)教乗 | 従五 | 〃 |
| 一三 | 名和義高 | 正四 | 〃 |

| 南朝関係者 | 元　寇 | 承久の乱 | その他 | 合　計 |
|---|---|---|---|---|
| 112人 | 16人 | 12人 | 16人 | 156人 |

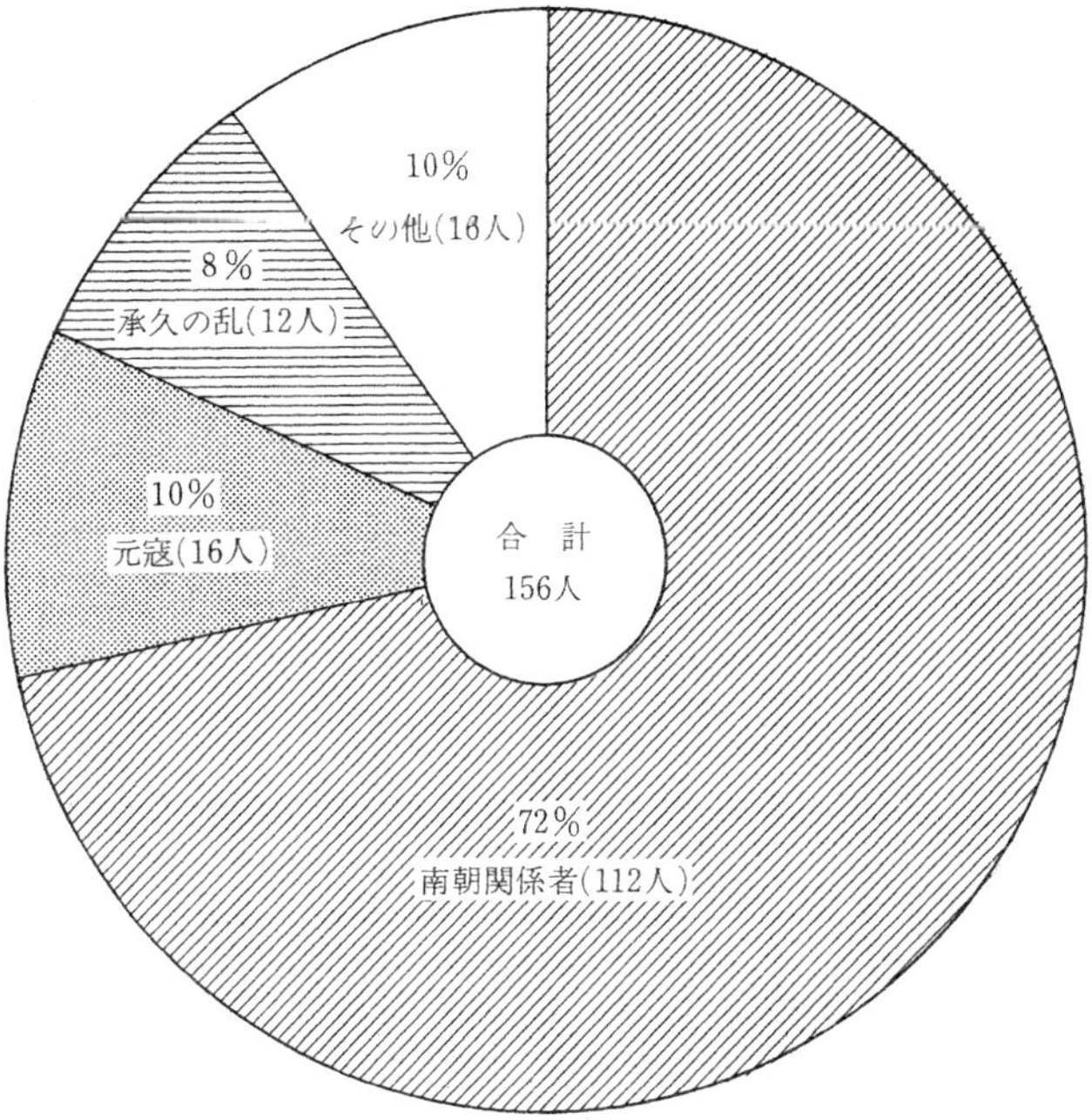


図39　中世武人の贈位者の割合

図39は、中世武人たちの贈位理由をグラフ化したものだが、上位から、①南朝関係、②「元寇」関係、③承久の乱関係の順となっている。この上位三つの理由にかかわる人物は、中世の関係者たち一五六名のうちの一一二名にもあたっている。

興味深いのは内（皇国）と外（排外）に向けられた贈位理由の尺度だろう。このうち南朝関係と承久の乱については、内とのかかわりだった。後醍醐天皇や後鳥羽上皇に味方した忠臣たちである。そして「元寇」は、異国との戦争という外とのかかわりにおいての尺度だった。

二つながらナショナリズムの高揚に重要な役割を演じたわけで、このことが国民国家の精神的結合に大きな役割を果たしたことは否定できない。

**贈位された竹崎季長**

それでは、文永・弘安両度の合戦で活躍した武士たちを近代はどのように処遇したのか。予想どおり、南朝忠臣についで贈位されている。その多くは『八幡愚童訓《はちまんぐどうきん》』や『蒙古襲来絵詞』にその名が見えている人物たちだった。

たとえば宗助国・平景隆（明治二十九年）、北条時宗（明治三十七年）、島津久経（明治四十年）、少弐資能・景資・竹崎季長・菊池武房（以上、大正四年）、河野通有・斎藤資定・

少弐経資（以上、大正五年）、大友頼泰・大友貞親・大矢野種村（以上、大正十三年）、平景隆・草野緑永・白石通泰（昭和六年）といった具合である。

「弘安四年夏の頃、なんぞ怖れん我れに鎌倉男子あり、正義武断の名、一喝して世に示す」との小学唱歌『元寇』がイメージした武人たちだ。日清戦争前後の作とされたこの歌には、日本を鼓舞する文言であふれている。

それはともかくとして、蒙古襲来がその後の歴史に与えた影響の大きさとともに、「国難」という波長が近代国家の論理に融け込んでいる事情も理解できると思う。明治後期の戦争を支えたのはその「国難」という緊張意識だった。

そこにはかつての蒙古襲来における対外危機の記憶が下敷きとされた。贈位された武士たちの姿に国家の論理が鮮やかにみえている。

## 逆臣とされた将門

この点をふまえたうえで幾つかの注目すべき論点もある。その他の贈位対象者のなかには、平安後期の寛仁三年（一〇一九）の刀伊《とい》入寇のおり、活躍した大蔵種材《おおくらのたねき》（大正四年、従四位）、平安前期の元慶の乱（八七八年）で、出羽の俘囚《ふしゅう》の騒擾《そうじょう》を鎮圧し、良吏の誉が高かった藤原保則（大正四年、従三位）、さらに前九年・後三年合戦での源頼義・義家（大正四年、ともに正三位）、などの顔ぶれがみえて

図40　将門坐像（国王神社蔵）

図41　七人影武者将門像
（東京都神田神社蔵）

いる。

ここには明らかに排外主義の正当化の論理として、これらの人物たちが贈位されていたことがわかる。彼らはいずれも観念された異域との合戦において、尽力した人物たちだった。東北蝦夷戦・刀伊戦での論功も排外主義と皇化主義の結合した産物といえそうだ。あるいは将門の乱での藤原秀郷（明治十六年、正三位のち大正七年に再贈位）の存在もおもしろい。史実のうえでは将門を誅殺した秀郷は、従四位上に抜擢され中央軍事貴族に列せられた。明治の国家も明治十六年にいち早く秀郷を贈位している。

江戸期に英雄として扱われた将門は、「新皇」を名乗ったがゆえに反逆者とされた。将門を東国の自立を語る象徴として、近世の徳川幕府は崇拝した。将門信仰が江戸時代を通じて拡大されるのは、そんな時代精神もある。

当然それは将門の朝敵の汚名回復にもつながった。寛永三年（一六二六）、朝敵の勅免がなされ、国家鎮護の社として、「神田大明神」の勅額が下賜されている。

しかし明治国家は、坂東に覇を唱えた将門に親近感をいだく江戸幕府とは、立場を異にした。神田明神の祭神から、明治七年（一八七四）にいちはやく将門が外されたのも、そのあたりと関係する。東国を基盤に近世江戸期を通じ、根付いた将門信仰は変更を余儀なくされたことになる。過去の歴史との向き合い方を考えるうえで、人物評価が時代とともに変わった代表的な例だろう。

# 「征伐」の記憶

## 秀吉の贈位と「朝鮮征伐」

近代の国家の思惑がはからずもにじみ出ている場面の一つは、豊臣秀吉への贈位であろう（大正四年、贈正一位）。その理由は国内の統一とともに、朝鮮・明国への出兵という国威の発揚によった。「征韓の雄図を企て、陣を名護屋に進め……」と『諸賢伝』に語られている秀吉評のなかに、右のことは読み取れよう。

「文禄・慶長の役」と呼称されたこの事件は、近年の教科書にあっては「朝鮮侵略」として定着しつつある。むろん戦前は「朝鮮征伐」の語で表現されていたものであり、秀吉への贈位はそうした戦前での観念の結果だった。秀吉が贈位された大正期は、近代の〝歴史掘り起こし運動〟の流れのなかで、ひときわ大きなうねりの時期にあたる。

明治末年からのうねりは、かつての承久・建武での立役者の顕彰という王政復古的な内的求心力の段階を終えて、対外的な膨張主義と結合しつつ、新しい流れが台頭する段階に位置していた。すでにふれた蒙古襲来や刀伊入寇で活躍した人々が、多く明治末年から大正期のこの時期に贈位されているのは、そうしたことの証明といえよう。

秀吉の顕彰・贈位は、こうした近代における対外意識の所産であった。それは別にいいかえれば、「征伐」の記憶の再生であった。

## 開印された「征伐」

すでにふれたように対外関係を主軸にすれば、わが国の歴史は外国と深いかかわりを持つ開かれた時代（「開の体系」）と、逆に没交渉に近い時代（「閉の体系」）の両者があった。九世紀末の新羅問題、十一世紀の刀伊入寇、そして十三世紀の元寇という異国との戦争は、いずれもが「閉の体系」下でのことだった。

中世後期から近世初期にかけては日明・日朝貿易、さらには南蛮貿易や日本町の形成に代表されるように、海の時代を現出させた。この十五世紀〜十六世紀は世界史のレベルでは大航海時代に対応しており、日本にとって外に膨張する時代でもあった。

秀吉の朝鮮や明国への侵寇は、そうした「開の体系」下での終章に位置した事件でもある。十七世紀の後半以降の鎖国体制下での日本は、この「征伐」の記憶が封印される形で歴史が推移した。近代の国家は、この封印された「征伐」の記憶を開封し容認した。

この容認は「征伐」という語を冠することで、対外的な膨張の論理に正当性を与えた。もちろん史実への解釈のしかたは、なにも近代という時代の専売特許ではない。過去の時代の総括のしかたが大きな関心として定着したのは、江戸期以来のことだろう。が、それが国家のレベルで磨かれ、虚構化された観念を実在性あるものに創り上げたのは、そんなに古いことではないはずだ。

### 武士の発見

「神風」も「神国」も、あるいは「武士」といったそれぞれの観念が、堅固な実在性をもって定着したのも、同様に古いことではない。蒙古襲来で「神風」と解された大風は日本のみに吹いたわけではなかった。

東アジア・ユーラシア史という大局の流れのなかで位置づける昨今の研究動向は、右のことと無関係ではなかった。本書でふれた新羅・刀伊戦の延長としてこの蒙古襲来を考える視点は、地域性と時代性のなかでこれを相対化するためでもある。

「神国」観念の端緒は平安中期以降の「閉の体系」下で醸成された。王朝国家とこれにつづく中世国家は、「神国」の観念と「神風」とを結合させるうえで、決定的なものとした。近世を経た近代は、十三世紀におけるこの事件を「元寇」「国難」として位置づけることで、「日本」を東アジアから分離させ、中世から離脱させた。はからずも近代という時代が歓迎した中世は、近代の産み出した観念のなかで、〝かくあるべき〟道筋を与えられた。中世武士のイメージも同様であった。「神風」と結合した「武士」観の背景にあるものを説きほぐすことは、安易なことではない。が、次のことだけは確認しておきたい。

脱亜入欧をスローガンとした日本にとっての課題は、西欧的な「封建制」をわが国の歴史に発見することにあった。西欧との歴史的同居を志向した近代という時代にとって、武士により創出された中世という図式は、まことに適合的だった。その武士に封建制の体現者をみたからである。その意味で武士とは近代の国家にとって西欧との同居性、同一性を主張するための切り札でもあった（この点、拙著『武士団研究の歩み』を参照）。

「武士の発見」はその限りでは、日本の歴史に西洋を発見することにほかならなかった。「神風」「神国」いずれもが、その意味で対外危機と愛国心の象徴として作用した。

# あとがき

近代を前と後にはさみ、その間に中世の問題を論ずるという、少し風変わりな構成をとってみた。武士を誕生させた中世は、わが国の歴史のなかでどんな時代であったのか。後の時代はこの武士について、どのような認識をいだいたのか。こんなことが本書の執筆の動機である。

蒙古襲来は、中世の日本が遭遇したもっとも大きな事件だった。この事件は中世のみならず、近代にいたるまでのわが国の歴史に巨大な影を投じた。この未知なる武力は、その後のわが国を金縛りにした。このことの意味をどのように考えるべきか。こんなことを念頭におきつつ、中世と近代という二つの時代を武士論でつなげると、どのような議論が可能なのかについて考えてみた。

ただしこの問題を叙述するためには、多少の工夫が必要となろう。近代と中世を行きつ戻りつした本書の構成も、そうした算段の一つと考えていただきたい。それがうまくいったかどうかは、読者の判断をまつしかない。武士によって規定された観念は、中世あるいは近世の時代で完結するものではない。「神風」なり「神国」なりについては、さまざまな議論のしかたが可能であろう。

昨年秋に国際交流基金の招きで来日した韓国の中学校・高等学校の教師たちの前で、古代・中世の日韓交流の歴史を講演させていただく機会を得た。そのさいに寄せられた多くのご質問のなかには、例の「神の国」についての論点もあった。

本書には、そのおりの問題意識のいくつかも含まれている。本書を通じ、「神風」がもたらした歴史のさまざまについて、議論していただければ幸いである。

最後に本書の執筆をすすめていただいた吉川弘文館にお礼を申し述べたい。

二〇〇一年三月

関　幸　彦

著者紹介

一九五二年、札幌に生まれる
一九八五年、学習院大学人文科学研究科史学専攻後期博士課程修了
現在、鶴見大学文学部教授

主要著書
研究史地頭　国衙機構の研究　武士団研究の歩み　蘇る中世の英雄たち　武士の誕生

歴史文化ライブラリー
120

# 神風の武士像
## 蒙古合戦の真実

二〇〇一年(平成十三)六月一日　第一刷発行

著　者　関《せき》　幸《ゆき》　彦《ひこ》

発行者　林　英　男

発行所　株式会社　吉川弘文館
東京都文京区本郷七丁目二番八号
郵便番号一一三—〇〇三三
電話〇三—三八一三—九一五一〈代表〉
振替口座〇〇一〇〇—五—二四四

印刷＝平文社　製本＝ナショナル製本
装幀＝山崎　登

© Yukihiko Seki 2001. Printed in Japan

歴史文化ライブラリー

1996.10

---

# 刊行のことば

現今の日本および国際社会は、さまざまな面で大変動の時代を迎えておりますが、近づきつつある二十一世紀は人類史の到達点として、物質的な繁栄のみならず文化や自然・社会環境を謳歌できる平和な社会でなければなりません。しかしながら高度成長・技術革新にともなう急激な変貌は「自己本位な刹那主義」の風潮を生みだし、先人が築いてきた歴史や文化に学ぶ余裕もなく、いまだ明るい人類の将来が展望できていないようにも見えます。このような状況を踏まえ、よりよい二十一世紀社会を築くために、人類誕生から現在に至る「人類の遺産・教訓」としてのあらゆる分野の歴史と文化を「歴史文化ライブラリー」として刊行することといたしました。

小社は、安政四年(一八五七)の創業以来、一貫して歴史学を中心とした専門出版社として書籍を刊行しつづけてまいりました。その経験を生かし、学問成果にもとづいた本叢書を刊行し社会的要請に応えて行きたいと考えております。

現代は、マスメディアが発達した高度情報化社会といわれますが、私どもはあくまでも活字を主体とした出版こそ、ものの本質を考える基礎と信じ、本叢書をとおして社会に訴えてまいりたいと思います。これから生まれでる一冊一冊が、それぞれの読者を知的冒険の旅へと誘い、希望に満ちた人類の未来を構築する糧となれば幸いです。

吉川弘文館

〈オンデマンド版〉
# 神風の武士像
蒙古合戦の真実

On Demand
歴史文化ライブラリー
120

2021年（令和3）10月1日　発行

著　者　関《せき》　幸《ゆき》彦《ひこ》
発行者　吉川道郎
発行所　株式会社　吉川弘文館
〒113-0033　東京都文京区本郷7丁目2番8号
TEL　03-3813-9151〈代表〉
URL　http://www.yoshikawa-k.co.jp/

印刷・製本　大日本印刷株式会社
装　幀　清水良洋・宮崎萌美

関 幸彦（1952～）
© Yukihiko Seki 2021. Printed in Japan
ISBN978-4-642-75520-7

JCOPY 〈出版者著作権管理機構 委託出版物〉
本書の無断複写は著作権法上での例外を除き禁じられています．複写される場合は，そのつど事前に，出版者著作権管理機構（電話 03-5244-5088，FAX 03-5244-5089，e-mail: info@jcopy.or.jp）の許諾を得てください．